一走去冰岛

HOW
TO
LIVE
ICELANDIC

[冰岛] 妮娜·比约克·琼斯多蒂尔
[冰岛] 艾达·马格努斯
* 著

宋红龄
* 译

中国轻工业出版社

译者序

*

沉浸式体验冰岛人的一生

第一次阅读《一起去冰岛》时，我正在冰岛大学攻读英语语言学博士学位，研究冰岛的旅游文本特点；同时我也是一名旅游爱好者，旅行足迹遍及近40个国家，冰岛所有热门和小众景点都留下过我的足迹，闲暇时则作为旅游博主在社交媒体分享旅游攻略。

《一起去冰岛》出版之前，市面上也有几本中文版冰岛景点介绍和旅游指南，网上还有数以万计的自媒体短视频介绍冰岛，但涉及的冰岛文化和历史知识浅尝辄止，甚至部分还有常识性错误，实属遗憾。一口气读完本书后，我立马就想把它译出来，献给来冰岛旅游的游客，尤其献给那些渴望深入了解冰岛的中国读者。毫不夸张地说，这是我读过的介绍冰岛最全的书籍。阅读此书时，就像有一位冰岛老朋友，娓娓道来冰岛的"前世今生"，时不时穿插着让人忍俊不禁的笑话，我跟随两位冰岛作者的笔触，沉浸式体验了冰岛人的一生。

承蒙出版社和编辑的厚爱，我有幸担任本书的译者一职。翻译初期，我以为这是一份纯粹的翻译工作，多年的翻译实战经验和冰岛生活体验，让我相信翻译此书不在话下；翻译中期，我为最初的自信汗颜，因为此书与其他书籍不同，作者为让读者感受原汁原味的冰岛生活，保留了常见冰岛语词汇和表达，因此我也遇到了翻译此书最大的"拦路虎"——冰岛文。遇到晦涩难懂的冰岛词汇和历史典故，我只能上网或去图书馆查阅文献资料，或求助于冰岛语专业的教授和在冰岛长大的华人朋友。比如书中引用的所有地名都是冰岛文，一个地名的翻译我需几周才能敲定，而后也有醍醐灌顶的快感，对冰岛有了更深的了解和认识；翻译后期，我渐入佳境，对冰岛文化、历史、地理知识不能说了如指掌，却算得上是半个"冰岛通"了，从书中获取的信息在茶余饭后成为我和冰岛人的谈资，实为意外收获。

首先，我要把这本书推荐给那些想来冰岛旅游的广大读者。近年来，中国赴冰岛旅游人数增长迅猛，2019年超过10万人次，成为亚洲第一、全球第四的游客来源国。2024年1月，《花儿与少年·丝路季》冰岛站播出，全网播放量高达10亿，吸引了更多关注。足不出户的我们，可以跟随本书作者，从落地冰岛开始，赏冰岛风光、探冰岛地貌、品冰岛酸奶、尝冰岛美食、习冰岛语言、吟冰岛诗歌、读冰岛典故、鉴冰岛艺术、悟冰岛哲学、窥冰岛社会。我相信有意来冰岛旅游的读者能提前"云旅游"，为将来的冰岛之旅做好充分准备。

其次，我要把这本书推荐给对冰岛或北欧感兴趣的读者。与其说这是一本冰岛旅游指南，不如说是一本冰岛百科全书。目前，《一起去冰岛》是市面上唯一一本从文化、历史和旅游等多角度全面介绍冰岛的书籍。从这个角度，我相信普通读者同样能从这趟冰岛探索之旅中获益。这本书不仅会让读者掌握冰岛历史和文学基本知识，丰富自己的知识体系，还向对北欧感兴趣的读者打开了一扇门，毕竟冰岛、丹麦、挪威、瑞典和芬兰这北欧五国有相似的文化、语言和宗教，读者未来可以在更为广阔的知识海洋里遨游。

最后，我要把这本书推荐给那些不了解冰岛的读者。以往我们提到冰岛时，只会想到"冷""极光"和"高福利"等关键词。其实远非如此，这个国土面积和浙江省相当的"小"国，却有着"大"发展。20世纪初，冰岛曾是欧洲最贫困的国家，遗世而独立。但之后，冰岛四代人的努力助冰岛发展成为如今世界上最富有、最安全和最开放的国家之一。冰岛不仅仅有火山、温泉、极光、冰川等叹为观止的自然风光，还有很多美称：全球温泉资源最多的国家、全球和平指数第一的国家、全球性别平等第一的国家、全球幸福指数前五的国家、全球人均出版书籍比例最高的国家……

相信读者读完此书，也会和我有同样的感受。

如果我的翻译能够让你了解冰岛，并对冰岛产生更浓厚的兴趣，我深感荣幸。在此，我想特别感谢家人与朋友在精神上给予我的支持，以及我的研究生导师辛红娟教授对我的悉心指导和言传身教。恳请专家和广大读者对拙译中可能存在的舛误予以指正，以利今后修改、完善。

译者　宋红龄谨识

2024.02.03 于雷克雅未克

引言

于我而言，家是一种什么感觉？

是躺在吸收日光之精华而松软无比的熔岩苔藓上的惬意。

是闻到雨后白桦林的清新香气时的放松。

是一出冰岛凯夫拉维克国际机场，海盐味狂风扑面而来的窒息感。

是从浴室跑到室外泳池后，又跳进温泉池时的酥麻感。

是在酒吧"嗨"到凌晨三点，跟跄走出酒吧时的安全感。

是在静谧的冰天雪地，听脚下雪花沙沙作响，赏幽幽极光舞动苍穹时无与伦比的幸福感。

是当跨年夜的新年钟声响起，举国欢庆，其乐融融时的归属感。

是遇上暴风雪天气，当地农夫连晚饭都顾不上吃，却赶紧出门帮我拉出陷在雪地里的车时的无比宽慰和感激之情。

而我们的家就是冰岛。在《一起去冰岛》一书中，我们将向你呈现原汁原味的冰岛生活。一起去冰岛欣赏鬼斧神工的自然景观、走进世外桃源般的沿海村庄和繁华的雷克雅未克，品尝美食、体验娱乐活动以及经历冰岛人一生中的重要时刻和参与节日庆典。我们为冰岛运动员、艺术家、作家和音乐家骄傲，也为冰岛在可持续性发展、可再生能源和性别平等方面的世界领先地位感到自豪。

大自然的鬼斧神工和变幻莫测，冰岛式无忧无虑的童年，高度团结型社会，不把自己太当回事的能力，战胜贫困、恶劣天气和自然灾害的乐观主义，造就了现在的冰岛人。

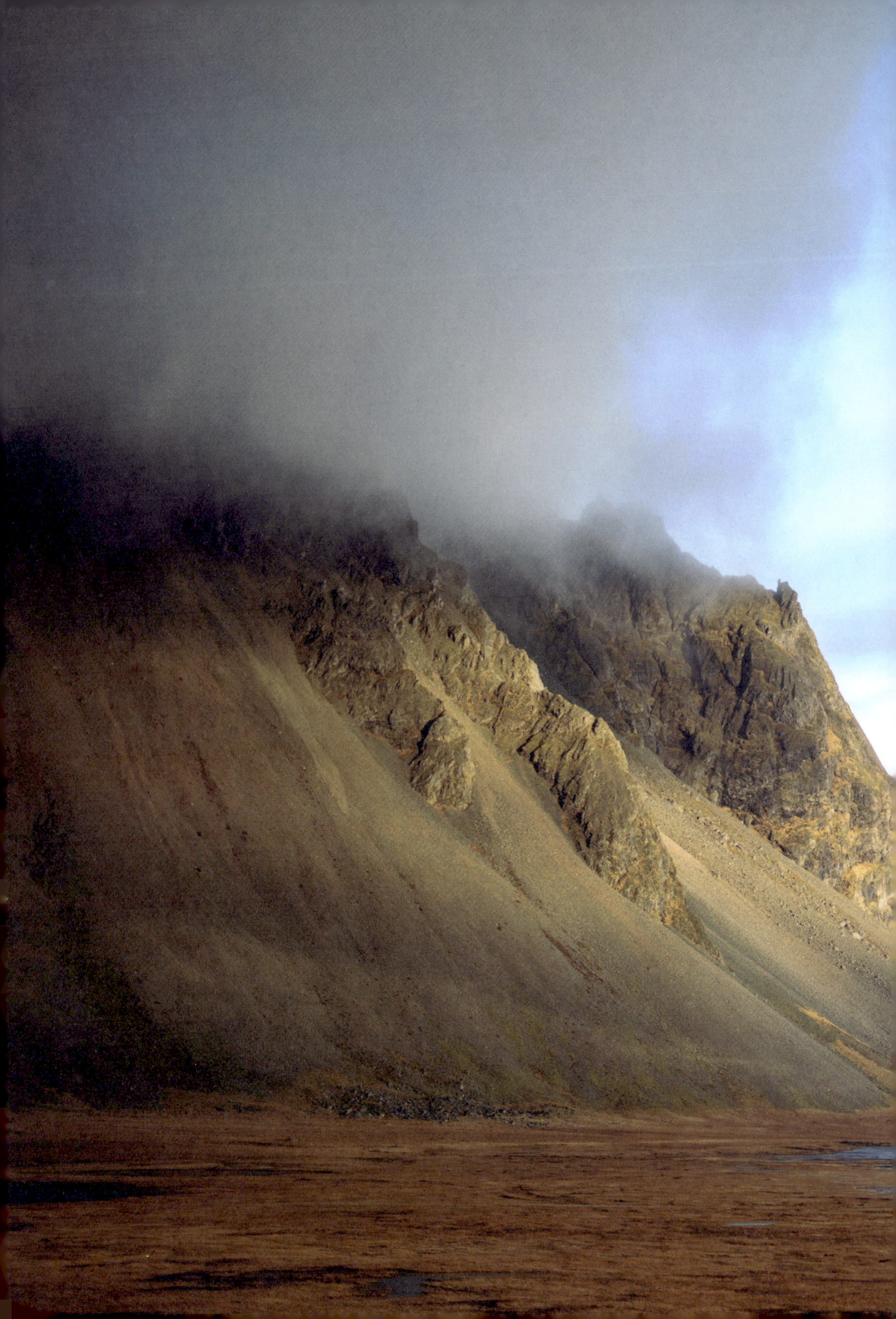

目录

北大西洋的冰与火之歌
009

冰岛人的前世今生
045

冰岛文化
069

寻味冰岛
097

玩在冰岛（户外）
121

玩在冰岛（室内）
145

家庭生活和人生大事
165

节日和庆典
189

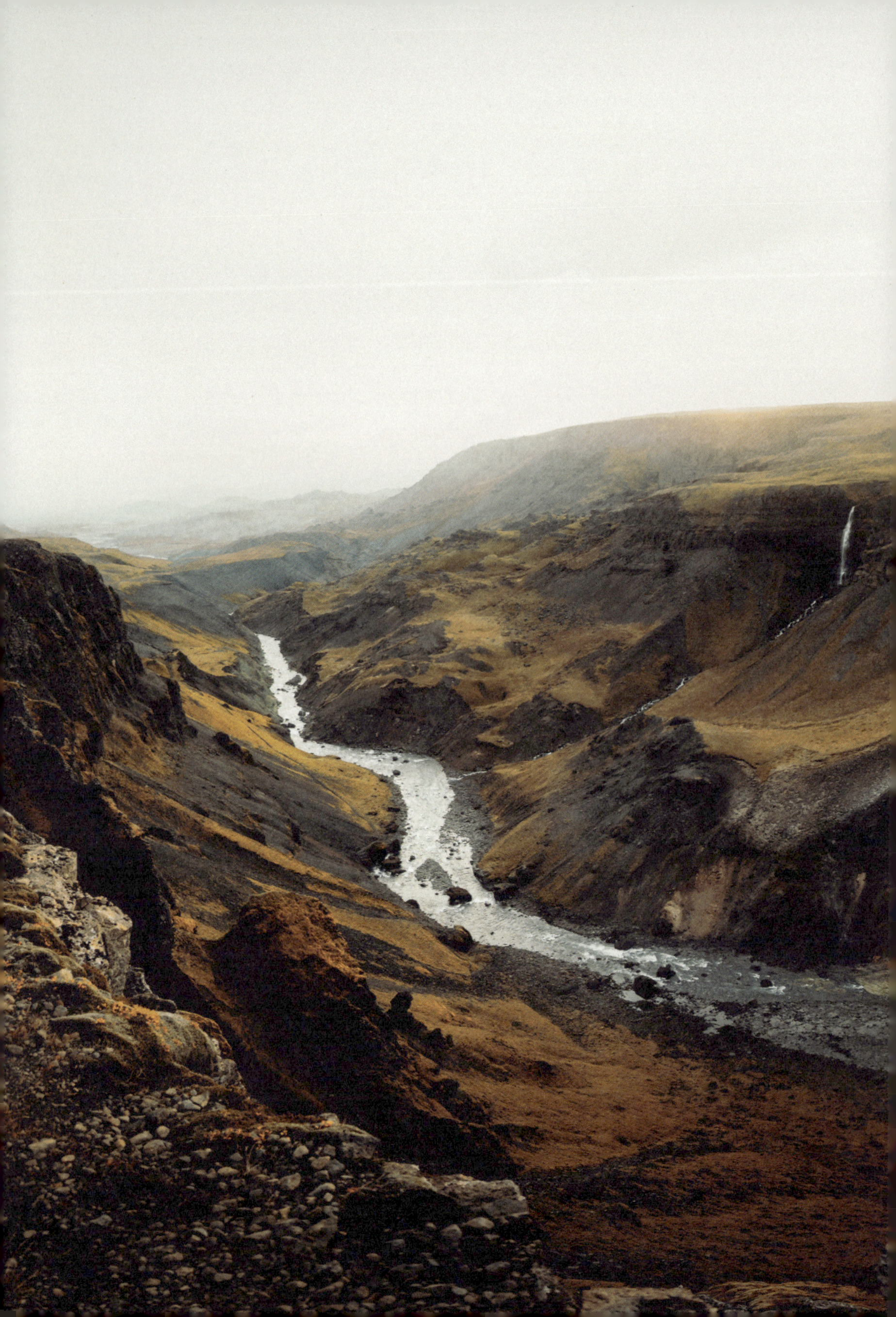

北大西洋的冰与火之歌

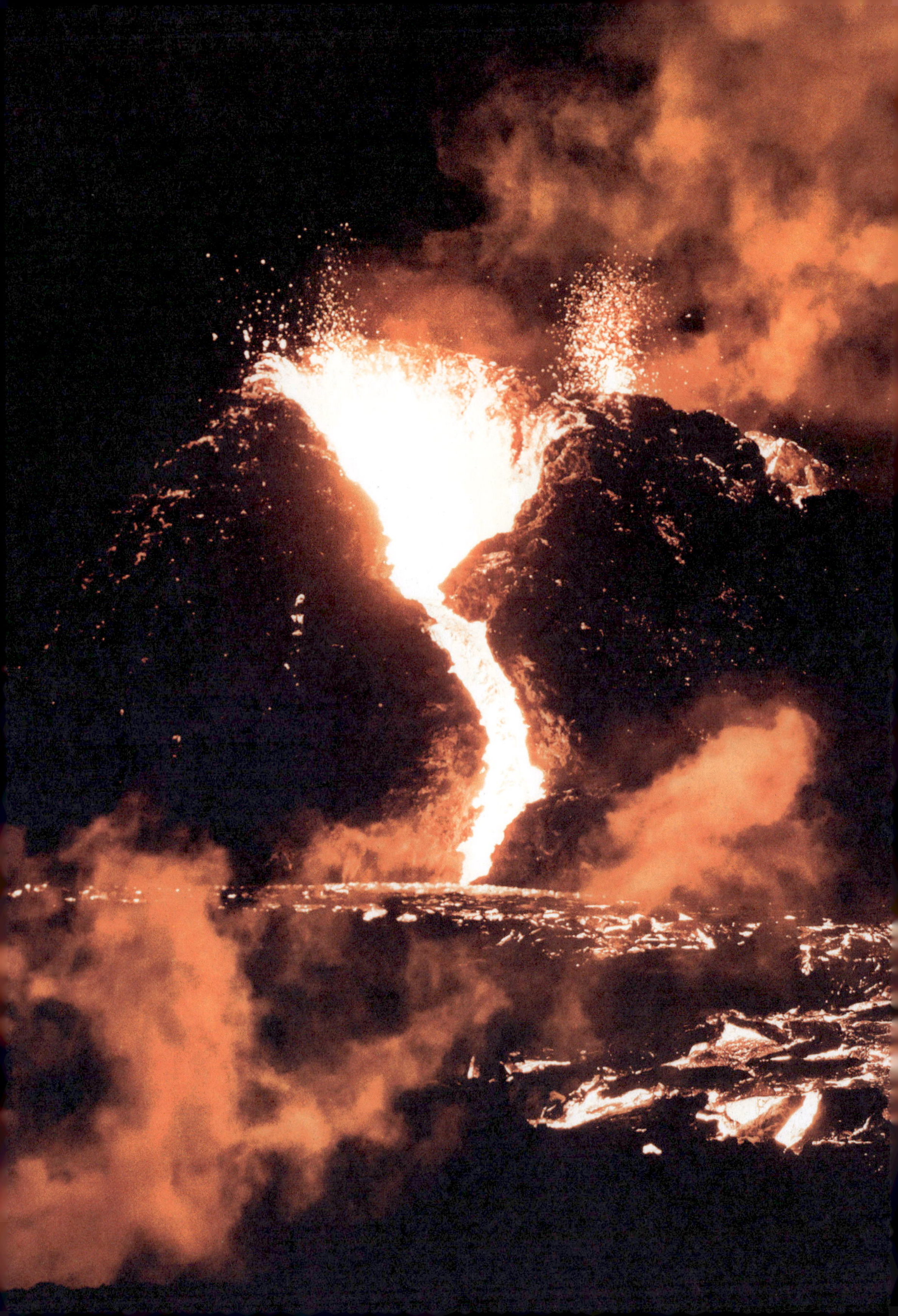

冰与火之国

从地质学的角度看，冰岛非常年轻，是一座正在形成中的岛屿。地球约有 45 亿年历史，但冰岛最古老的岩石只有约 1600 万年的历史。位于大西洋中脊上的冰岛，横跨欧亚板块和北美板块，两个板块正以每年 2 厘米的速度分离。冰岛位于板块交界处，火山喷发频繁。火山喷发流出的熔岩冷却凝固后，大西洋中脊越来越高，最终露出海面形成岛屿，因此冰岛有"火山岛"之称。

冰岛是一本生动的地质学教科书。若你搭乘的飞机准备落地冰岛凯夫拉维克国际机场，可透过飞机舷窗俯瞰冰岛，地表开裂的熔岩区将映入眼帘。熔岩区有点像烤过火的蛋糕，满是裂纹。熔岩区的辛格维利尔国家公园就是证明板块移动栩栩如生的例子，该公园位于两大板块交界处顶部的裂谷中。

国如其名，冰岛也是"冰之国"，但冰雪覆盖率不及邻居格陵兰岛。冰岛位于北极圈以下，冰川覆盖率约为 10%。冰川下有很多常年休眠的活火山，比如格里姆火山和卡特拉火山。

外国人眼里的冰岛又冷又小，实则不然。首先，冰岛并不如你想象的那么冷，这要归功于流经冰岛西部和南部的墨西哥湾暖流。在首都雷克雅未克，最冷月份平均温度约为 0℃，最热月份平均气温约为 11℃。可能听起来我们一整年的气候都一样，但冰岛有这样一句谚语：如果你不喜欢当下的天气，等 5 分钟就好了。在冰岛，你可能会在短时间内经历下雨、刮风、飘雪、冰雹和阳光明媚的天气。除非天气预报显示好天气，不然冰岛人绝对要穿外套出门。

冰岛国土面积为 10.3 万平方千米，比匈牙利、奥地利和葡萄牙等许多欧洲国家都大，但冰岛总人口只有 40 万，冰岛也因此成为欧洲人口密度最低的国家。

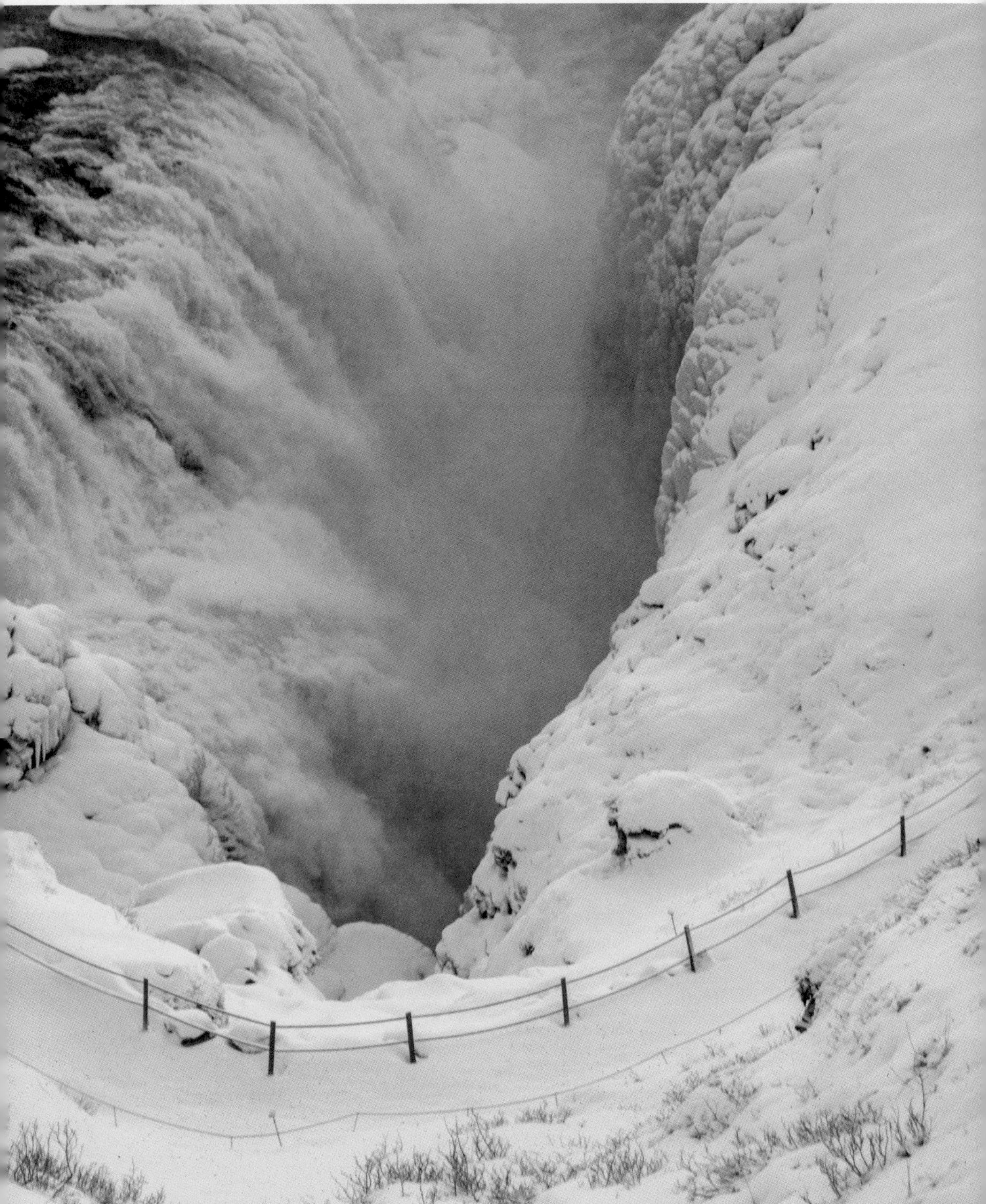

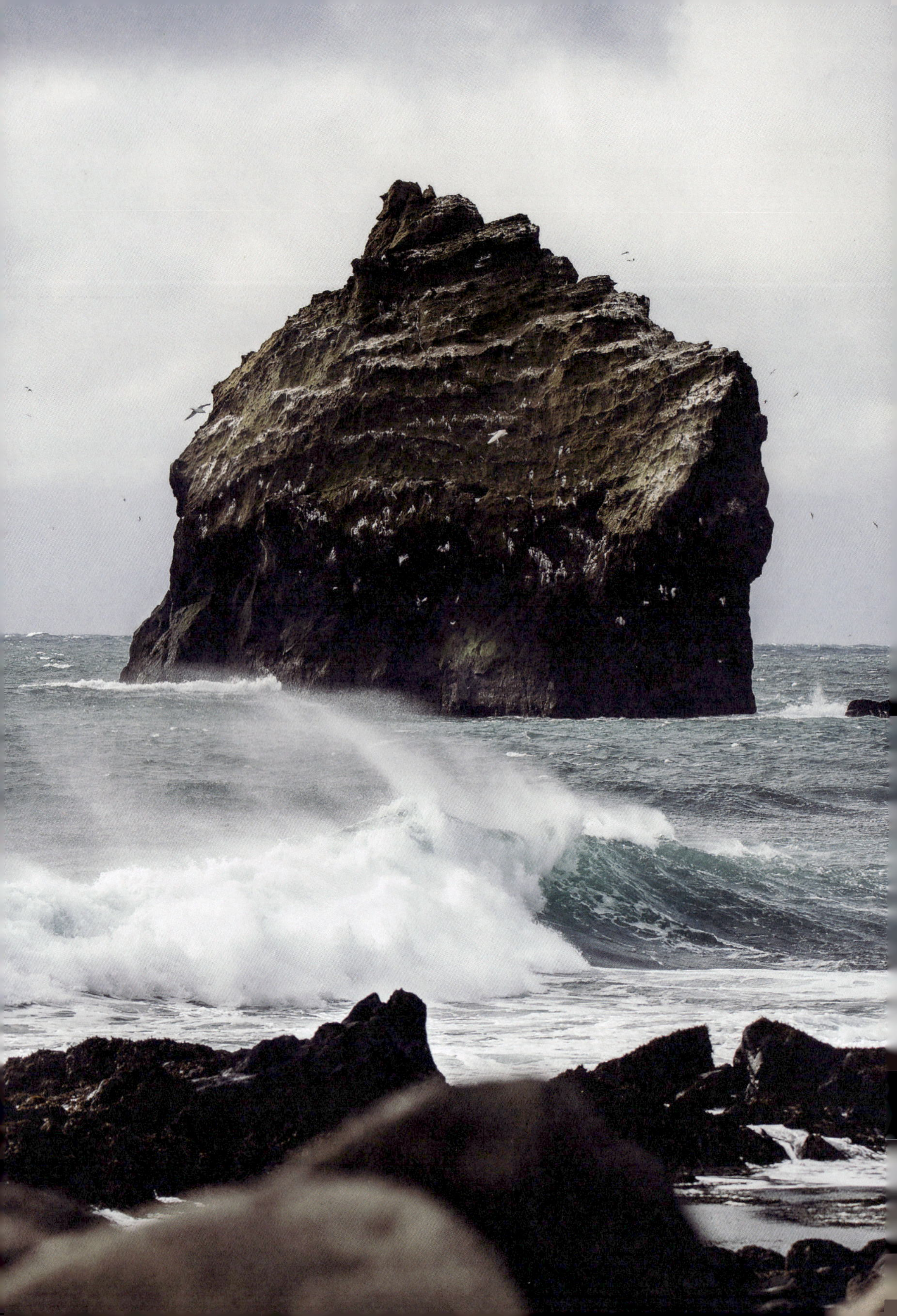

海能载舟，
亦能覆舟

冰岛人基本上都住在沿海地区，约三分之二的冰岛人住在首都雷克雅未克及周边地区，其余的人则住在城镇、村庄和农场。多数城镇离天然港口很近，人烟稀少，一般只有 500 ~ 5000 个居民。

每日出门就能看到海的生活，冰岛人早就习以为常。然而冰岛人对待大海的态度可能和其他岛国的人不同。冰岛人都知道北大西洋有多危险，所以他们认为大海不是休闲娱乐的好去处，而只是捕鱼赚钱的地方。直到近几年，出海捕鱼才不那么危险。冰岛人从小就敬畏大海，这种矛盾心理可以用一句谚语概括：海能载舟，亦能覆舟。

如今，海上作业越来越安全，冰岛人与大海的关系也悄然发生改变。随着技术的进步、培训的加强、设备的改善和保护装备的配备，渔业现在已和其他行业一样安全，冰岛人还开始开发海上娱乐项目。虽然温泉泳池更受大众欢迎，但冰岛人认为泡冷水浴有益于健康。因此，一些人开始尝试下海游泳，甚至冬泳。

西人岛

冰岛南部的海岸线上几乎没有天然港口。事实上，西边的索劳克斯赫本镇到东边赫本镇（赫本意为"港口"）的海岸线长400千米，却只有一个天然港口。港口位于西人岛，该岛因此成为冰岛重要的渔业中心。1973年1月23日，西人岛的主岛——赫马岛上火山爆发，不远处就是一个住着5300人的小镇。这次火山爆发是冰岛有史以来离居民区最近的一次爆发。万幸的是，火山爆发前一天天气恶劣，大多数当地渔船没能出海，而是停在港口，火山半夜爆发时，渔船将所有居民从岛上疏散到大陆。港口是城镇的交通要塞，而流动的火山熔岩对于港口来说可是灭顶之灾。科学家马上想出对策，他们抽海水上来冷却凝固火山熔岩，从而改变了岩浆流动的方向。7月3日，火山才停止喷发，火山灰笼罩着整座小镇，火山熔岩湮没了许多房屋。之后，约三分之二的居民又回到小镇，小镇也很快恢复了往日生机。

经挖掘，一座被火山熔岩湮没的房屋得以重见天日，成为"火山之家"博物馆的一部分，在该博物馆，人们可以学习火山爆发的相关知识，参观挖掘出来的房屋。房屋有点像意大利的庞贝古城，时间被定格在火山熔岩湮没的瞬间，桌上放着咖啡杯，地上散落着孩子的玩具。如今，冰岛最年轻的火山——埃尔德菲尔火山在小镇上方高耸，徒步约45分钟就可登顶。50年过去了，这座火山还未完全冷却。如果你在岛上挖沙子，还可以感受到火山的余温。当地人常将黑麦面团埋在地下，利用地热烘焙面包。24小时后，他们就能取出特制的火山烘焙黑麦面包。

人生
如咸鱼

冰岛哲学思想"人生如咸鱼"出自哈尔多尔·拉克斯内斯的史诗小说《萨尔卡·瓦尔卡》。小说以渔村为背景,描写了贫穷的渔家女萨尔卡·瓦尔卡及其母亲两代人坎坷的生活,刻画了萨尔卡·瓦尔卡坚毅、果敢的性格,她面对渔村的贫困与黑暗生活从不放弃,奋力抗争。"人生如咸鱼"概括了冰岛家喻户晓的真理:人生如鱼,鱼如人生。

冰岛周边水域是世界上最好的渔场之一,物种多样性极为丰富。温暖的洋流与从北极而来的冰冷海水交汇,为海洋生物创造了极佳的生存环境。

冰岛人自古以来就以捕鱼为生。14世纪至今,冰岛人一直出口鳕鱼干。19世纪,盐被广泛使用,加之鳕鱼出口利润高,冰岛人进一步扩大鳕鱼的出口量。当时冰岛人都在露天的小船上捕鱼,条件非常恶劣。冬季是捕鱼季,在农场没有活儿的工人就会来开船和加工鱼类。

自15世纪起,其他国家开始在冰岛水域捕鱼。英国人捷足先登,德国人紧随其后,而后是巴斯克人、荷兰人和法国人。皮埃尔·洛蒂的小说《冰岛渔夫》讲述了渔民在冰岛危险海域生活的故事,也描述了当时渔船上的情况。17世纪至20世纪早期,法国人在冰岛周边海域捕鱼,法国人捕鱼的黄金时期从1860年左右一直持续到第一次世界大战。据估计,约400艘帆船在海上失踪,4000多名法国渔民溺亡。冰岛第一家医院由法国政府建造,用于照顾生病的渔民,这足以体现来冰岛水域捕鱼对促进法国经济发展的重要性。你可以参观位于福斯克鲁斯菲厄泽镇的法国医院旧址和记录渔民历史的博物馆。每年,福斯克鲁斯菲厄泽镇还会庆祝"法国日"。

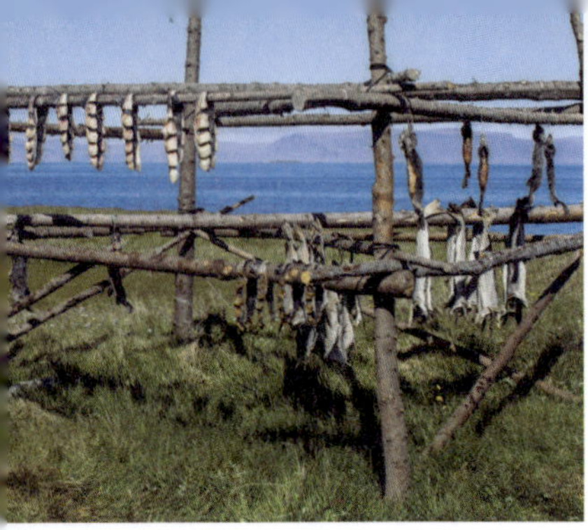

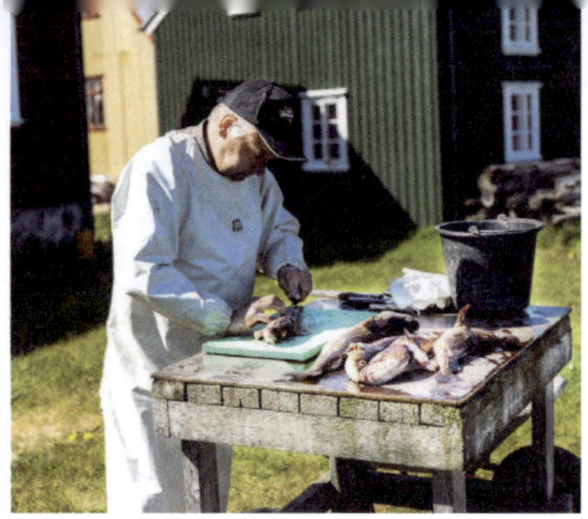

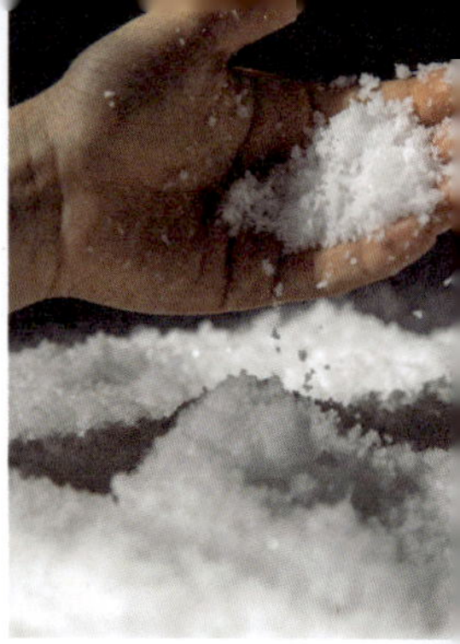

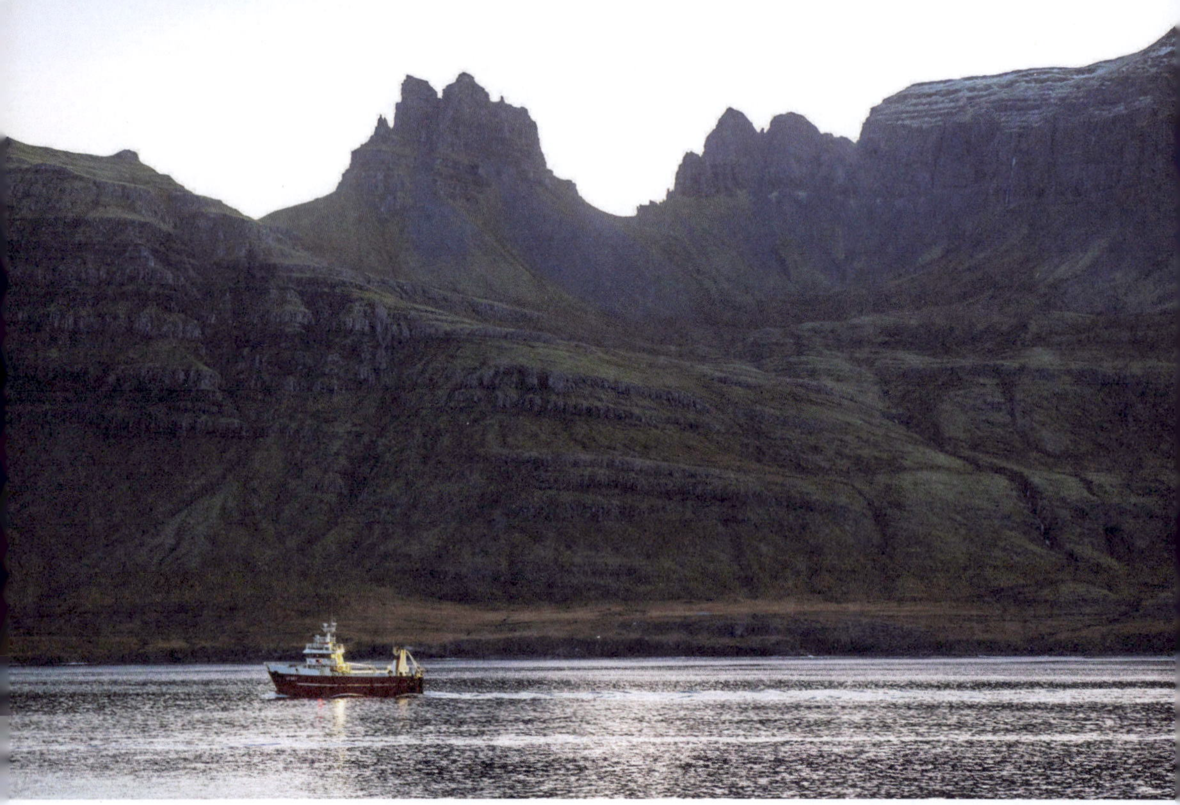

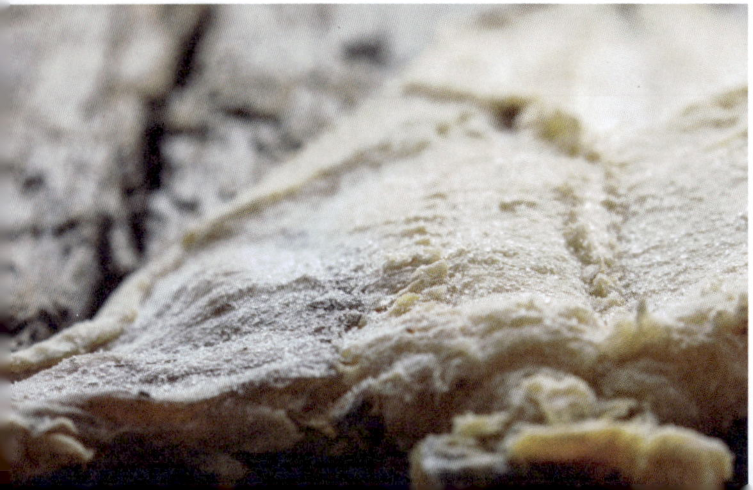

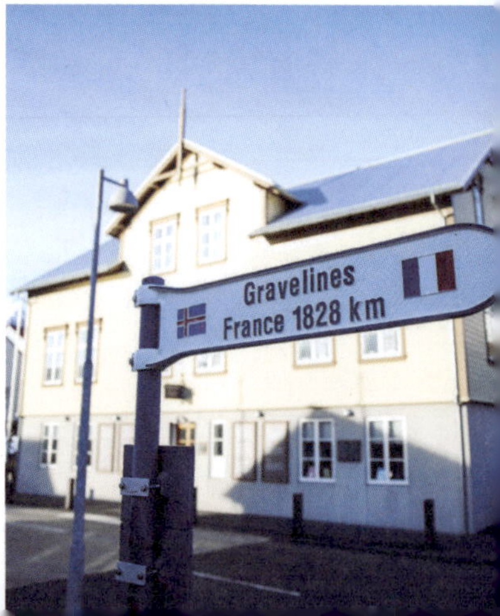
Gravelines
France 1828 km

过去几十年，冰岛的经济支柱越来越多元化，但渔业仍然是冰岛的主要经济支柱。渔业是冰岛人赖以生存的重要生活方式，这也和冰岛人的身份认同感紧密联系在一起。

海洋可持续发展

对于冰岛而言，保护海洋环境至关重要，因为海洋是冰岛人赖以生存的资源。1980年，冰岛引进捕鱼管理系统，以确保渔业可持续发展和保护未来几代人的海洋生物资源。冰岛每年通过科学分析确定每种鱼类的总捕捞量，管理体系与有效执法控制双管齐下。若监管系统在某渔场监测到大量幼鱼，该渔场在未收到通知的情况下，也会被即刻关停。

近年来，研发创新助力冰岛渔业可持续性发展更上一层楼。冰岛的渔业公司引领海洋技术不断创新，在海洋技术领域是领跑者。从设计和建造更好的渔船到资源利用和减少浪费，他们为整个渔业生产链提供了环保和可持续解决方案。冰岛现为出口创新解决方案的大国，这些解决方案可提升海产品单价，减少浪费并保护环境。鱼类自动化加工使得鱼类加工模式发生革命式变化，边角料都能发挥余热，最大化产量成为可能。如今，鱼皮和鱼骨变废为宝，冰岛人用它们制作促进伤口愈合的护肤品、化妆品和保健品。

社区
和
海岸线

如果你来冰岛自驾，可能会经过沿海村庄，好奇那里有什么值得一看的。虽然你只能看到零星的几座房屋、一家渔厂、港口、学校、教堂、养老院和一个加油站，但村庄的生活其实别有洞天。

每个村庄基本都有救援队（参见第 126 页）、慈善机构和音乐学校，学校配有专业教师、教堂唱诗班（更多唱诗班内容参加第 158 页）和业余的剧团（参见第 159 页）。值得一提的是，冰岛妇女协会早在 20 世纪 70 年代就成立了，而后大放异彩。此外，村庄每年举办的"臭食节"派对（参见第 207 页）也热闹非凡。

如今，冰岛沿海村庄的人口构成往往与其他地区不同，更多的外国人来这里从事渔业相关工作。许多村庄会举办"国庆节"庆典活动，定居当地的外国人会以活动为媒介，介绍本国文化和传统。

每个冰岛人，尤其是住在沿海村庄的冰岛人，都敬畏大自然。在冰岛，不少村庄坐落于陡峭山脉的峡湾里，冬季的峡湾随时都会发生雪崩。为了保护大部分村庄，冰岛人搭建了雪崩防护设施，还会 24 小时监测雪崩风险指数。幸运的是，居民区附近的雪崩百年难遇，生活在雪崩高风险区域的冰岛人也已对雪崩来临前的紧急疏散习以为常。

近水楼台先得月，渔村长大的孩子和大自然有着无比亲密的联结。他们在港口嬉戏，骑车去山里采莓果，冬天去滑雪，偶尔出海海钓。盛夏午夜时分，峡湾的海面平静得像面镜子，此时在水上滑皮划艇乃人生幸事。

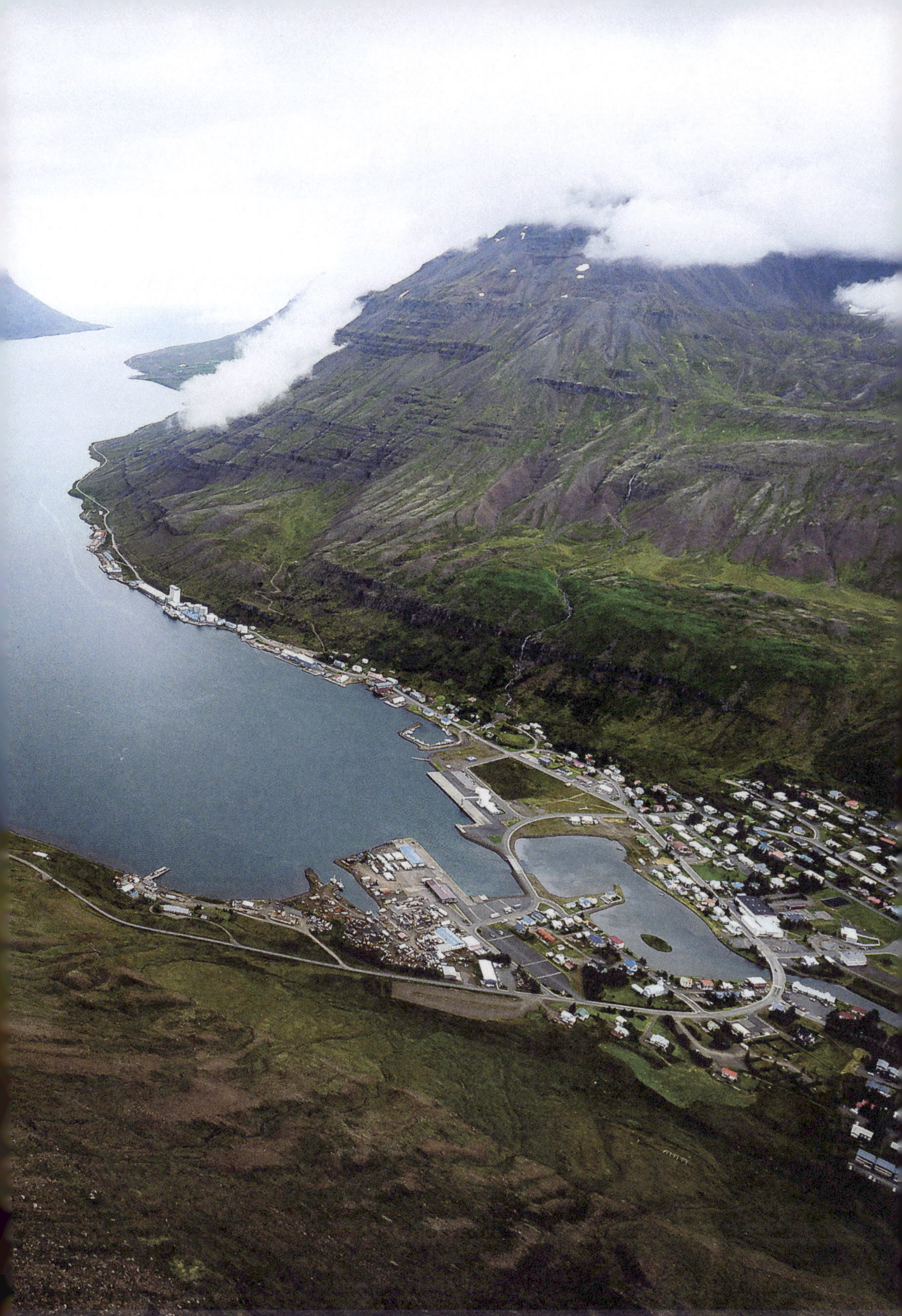

从农场中走来的
冰岛人

冰岛人的祖祖辈辈都是农民。有人开玩笑说,冰岛人的历史很简单,一言以蔽之,就是一部"农民斗争史"。维京人登陆冰岛时带来了羊、牛和马等家畜,当时北极狐是冰岛唯一的本土哺乳动物。数百年来,冰岛人的经济以农业为主。在冰岛,农民社会地位极高。本书作者妮娜的曾祖父年轻时想当农民,但他孱弱多病,家人认为他不是当农民的"那块料",就送他去高校深造,后来他成为冰岛首位精神科医生。

数百年来,冰岛的农业发展举步维艰。由于气候寒冷、生长季节短暂和缺乏适宜土壤,农业发展条件极为有限。相较于其他经济领域,农业的比重有所下降。冰岛约有 3000 座农场,大部分为小型家庭农场。农场主要饲养牛羊,一些农场也养猪和家禽,或在温室种植花果蔬菜。虽然玉米是欧洲人的主食,但冰岛人很少吃玉米,因为冰岛几乎不产玉米。尽管政府给农业很多补贴,可农民还是入不敷出,因此许多农民给游客提供住宿,出租马匹,或者允许其他人在自家农场建夏季小屋来补贴家用。农民经常雇用季节性工人来帮忙,这些工人一般是外国的年轻人,他们只来冰岛工作几周。

尽管农业在国民经济中的比重下降,冰岛人还是打心眼里认为自己是农民。"城市化"在冰岛是一个较新的概念,每个冰岛人和冰岛各地的农场都有千丝万缕的联系,年长的冰岛人年轻时,夏天肯定在农场帮过忙。农业发展是冰岛人的"头等大事",除了文化层面的因素,也是为稳定农村人口数,保障本地农产品生产供应。这对一个依赖空运和海运以进口商品的国家而言,尤为重要。

气候影响农业生产。每年 5 月,养羊的农民忙得不可开交。初夏时节,农民放养羊群,9 月再赶羊回羊圈。如果你在冰岛乡村和高地自驾,就能经常遇到母羊和小羊羔。驾车时要万分谨慎,如果母羊在马路另一侧,小羊羔很可能会不顾来往的车辆而横穿马路。

数百年来，牛奶是冰岛唯一全年供应的新鲜农产品。由于气候条件限制，和其他国家相比，冰岛奶牛等家畜室内圈养的时间更长。春天，室内圈养的家畜重返大自然，场面相当壮观。

冰岛天气瞬息万变。若天公作美，冰岛人就趁着好天气，辛勤劳作。草地干燥时，冰岛人就收割牧草，为家畜赶制越冬"口粮"。夏季天不黑，冰岛人甚至会在农场通宵劳作。

"圈羊节"是秋天的大事件，也是冰岛传统的庆祝活动。届时，农民们齐心协力将夏天放养的羊群赶至大羊圈。然后，农民们混在羊群中，将有自家农场记号的羊赶至小羊圈，之后运回自家农场。自家的羊都赶到羊圈后，农民们开始庆祝，觥筹交错，载歌载舞，不亦乐乎。

除了"圈羊节"，冰岛还有领头羊的"选美比赛"。领头羊是冰岛独一无二的品种。冰岛人对公羊的行为、颜色、腿长等外形条件综合考察后，选出最好看的领头羊。羊如其名，这些领头羊会带着羊群上山下山。它们特别能干，恶劣天气也能找到回家的路。

在冰岛，园艺也是极为重要的农业活动。地热区附近常见温室，有的农民种玫瑰等花卉；有的农民种番茄、黄瓜、辣椒、草药和水果；还有的农民在户外种植物以供出售。弗里兹海姆番茄农场是位于南部农业中心雷克霍特的家庭农场，在该农场你可以看到番茄的种植过程，品尝番茄，还可买到果酱、莎莎酱和果汁等产品。农场还开有一家番茄主题的餐厅，提供用番茄做的菜肴。

生活在农村的冰岛人，离不开咖啡和甜甜圈等甜点，也离不开大冰柜。因为大多数农场人迹罕至，与世隔绝，农民每次去镇上都需一次性囤大量食材。

农场的孩子一般不用父母操心，他们还经常在农场帮忙。每天早上，他们搭校车往返学校，一般车程不超过30分钟。但在偏远地区，有些孩子每天需要花1小时往返学校，而且路况很差。

农村地区的冰岛人凝聚力很强。他们互相帮助，同舟共济，祖祖辈辈亦是如此。与沿海城镇和村庄一样，农村地区也有丰富多彩的社区活动。此外，还有450个青年社团，这些社团延续了冰岛100多年的传统，为年轻人组织体育、林业和自然保护等社交活动，同时也组织年轻人进修，增加知识储备，旨在培养出国家栋梁之材，为社会做贡献。

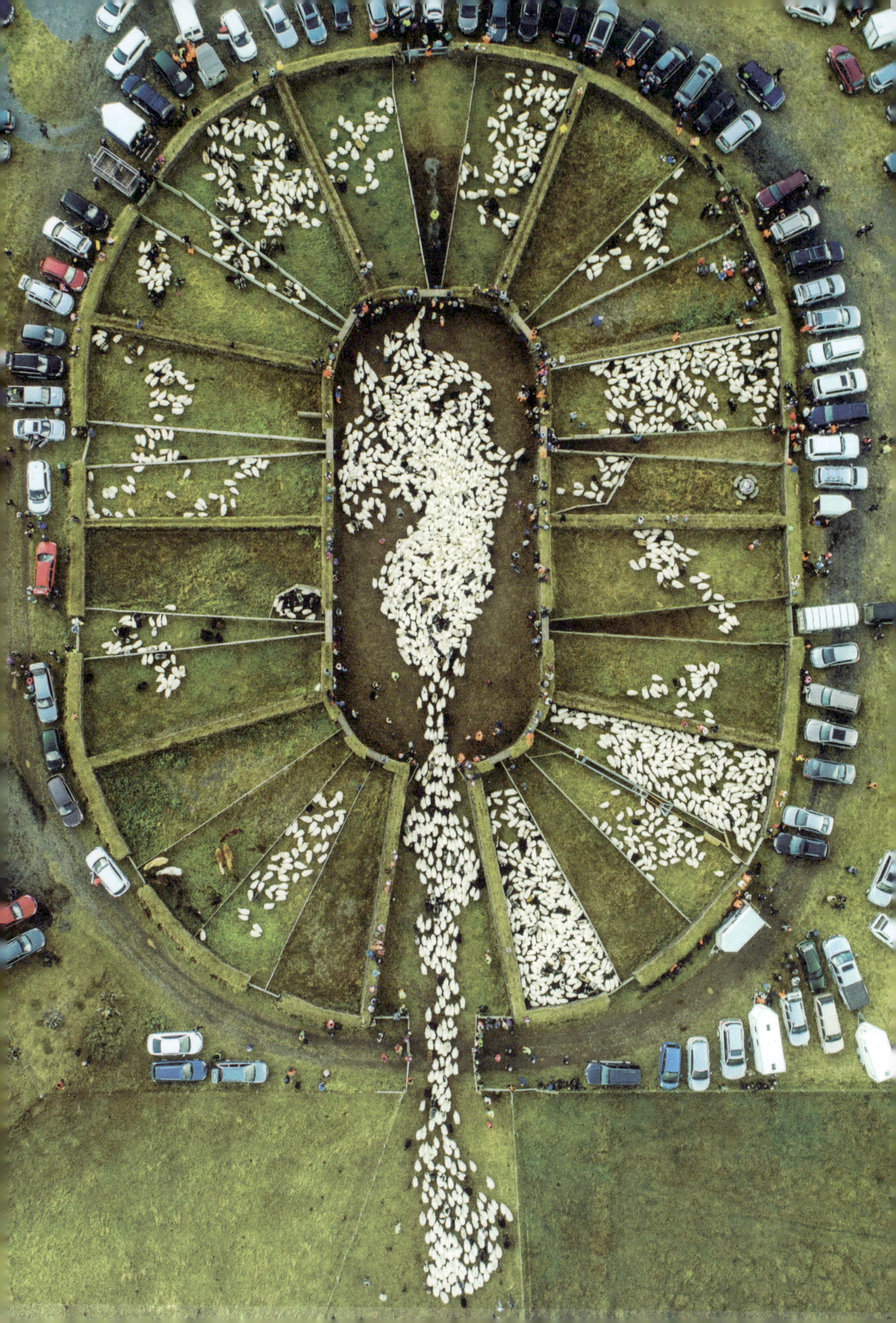

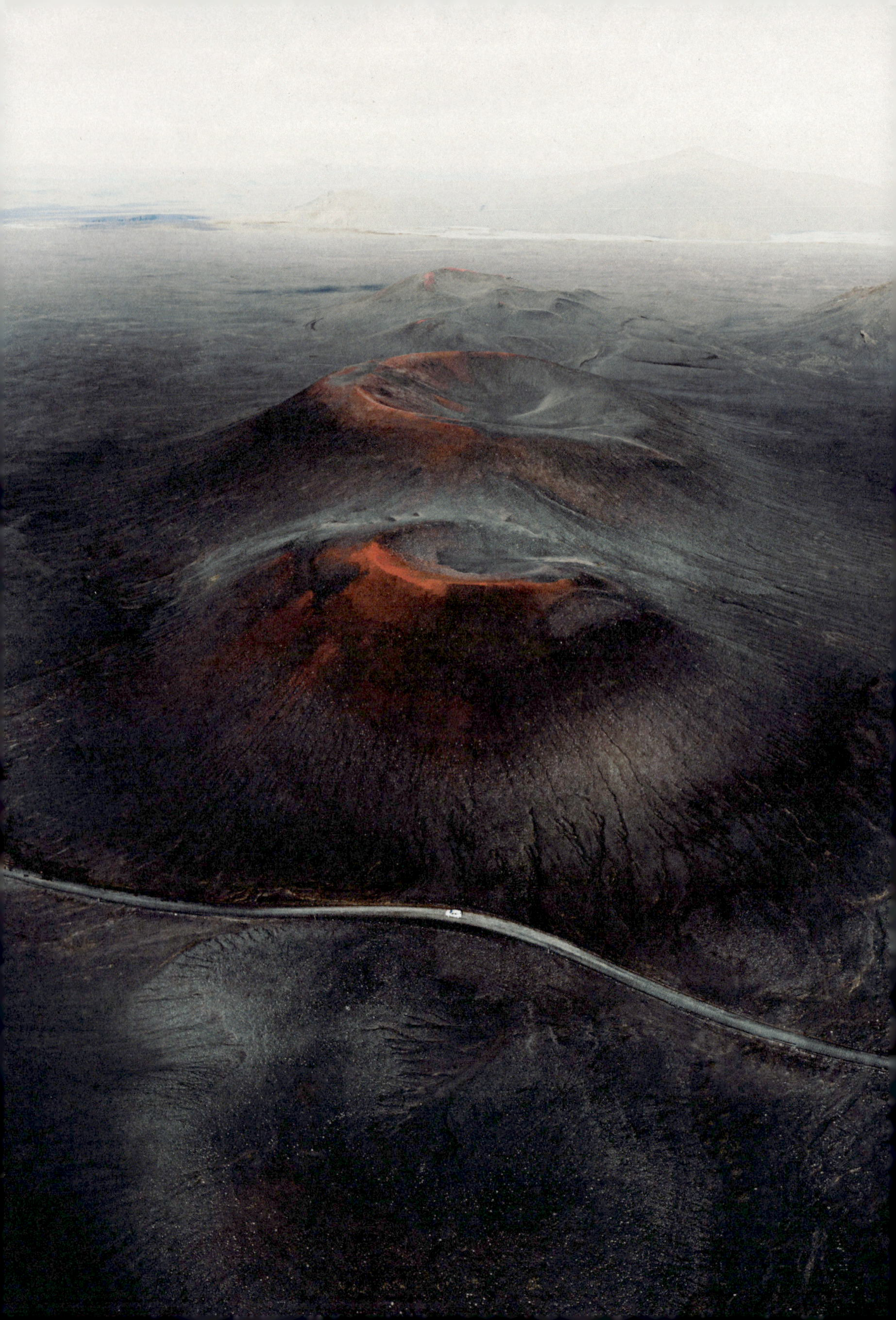

内陆高地，
感受人类的渺小

若要领略冰岛极致的美，你一定要去趟内陆高地。内陆高地占冰岛国土三分之一以上的面积，是欧洲最大的无人区之一，人迹罕至。

内陆高地荒凉寂美，有着叹为观止的冰川、火山、熔岩地和黑色沙滩，宛若"异世"。广袤无垠的高地视野开阔，无任何树木遮挡视野。置身高地，你会感觉自己是地球上唯一的人类。此情此景，你会由衷感慨：人如沧海一粟。

古时候，内陆高地是冰岛犯人的流放地。流放至此地的犯人想方设法与自然抗争，死里求生。最著名的"流放者"是18世纪的强盗夫妇——富亚特拉和哈特拉，可以说是冰岛版的"鸳鸯大盗"。据说，他们只是不想被活活饿死，偷了别人的食物而被流放，即便他们帮助了迷路的游客，但这对夫妇在内陆高地还是被流放了几十年。现在，你可以参观他们用于避难的几个洞穴，洞穴位于冰岛中部的惠拉韦德利地热区和东北部的海尔聚布雷达林德尔。难以想象他们是如何在天寒地冻的冬季和大饥荒中存活下来的。1783年，拉基火山爆发产生的火山灰覆盖了整个冰岛，而后导致大饥荒，四分之一的冰岛人因此丧命。火山灰形成的云在北半球数月未消散，甚至有人认为此次火山爆发间接导致了1789年的法国大革命。

赫克拉火山是冰岛最著名和活跃的火山。几个世纪以来，人们一直认为它是通往地狱的门户。1750年，两名自然科学家首次登顶该火山，他们表示山顶除了美丽的景色外，什么都没有。埃亚菲亚德拉火山原是个"无名之辈"。2010年，其爆发后声名大噪，因火山爆发产生的火山灰曾一度阻断欧洲的航空交通，欧洲所有航班被迫停运，十万多次航班被迫取消，影响了数百万旅客。

内陆高地奇异诡谲的地貌，令人恍若置身月球表面。正因如此，1969 年，美国国家航空航天局（NASA）来到冰岛高地执行登月训练计划。他们的主要训练基地为"公牛山谷"，之所以这样命名，不是因为那里有公牛，而是为了纪念尼尔·阿姆斯特朗和所有其他在那里接受培训的宇航员（英文"宇航员"和冰岛文"公牛"拼写相同）。如今，NASA 仍会来冰岛高地开展太空探索准备工作，最近还在做登火星前的准备工作。

　　冰川的极致美景让人产生超现实的感觉。荣获诺贝尔文学奖的冰岛作家哈尔多尔·拉克斯内斯在其长篇小说《世界之光》中写道："冰川与天空融为一体时，如梦如幻，宛若仙境。"瓦特纳冰川，字面意思是"水之冰川"，是欧洲最大的冰川，也是冰岛最高峰——华纳达尔斯赫努克火山（海拔 2110 米）的所在之处。

北大西洋的冰与火之歌

游客喜欢于冰川上徒步、滑雪、开吉普车或雪地摩托。大部分游客选择在春季探索冰川，因为春季的冰岛比夏季更安全，一来春季白昼较长，二来积雪仍可覆盖冰川裂缝，安全系数更高。如果你计划去冰川，一定要有专业向导陪同，还要带上冰爪、冰镐和头盔等装备（参见第 125 页），以保证自身安全。

　　瓦特纳冰川以南的斯卡夫塔冰川值得一去。若徒步登上克里斯汀丁达山峰（Kristínartindar），你可以俯瞰整个冰川，壮丽景色一览无余。你还可以去瓦特纳冰川以东的杰古沙龙冰河湖坐船，近距离接触瓦特纳冰川消融落入湖中的巨型冰块。

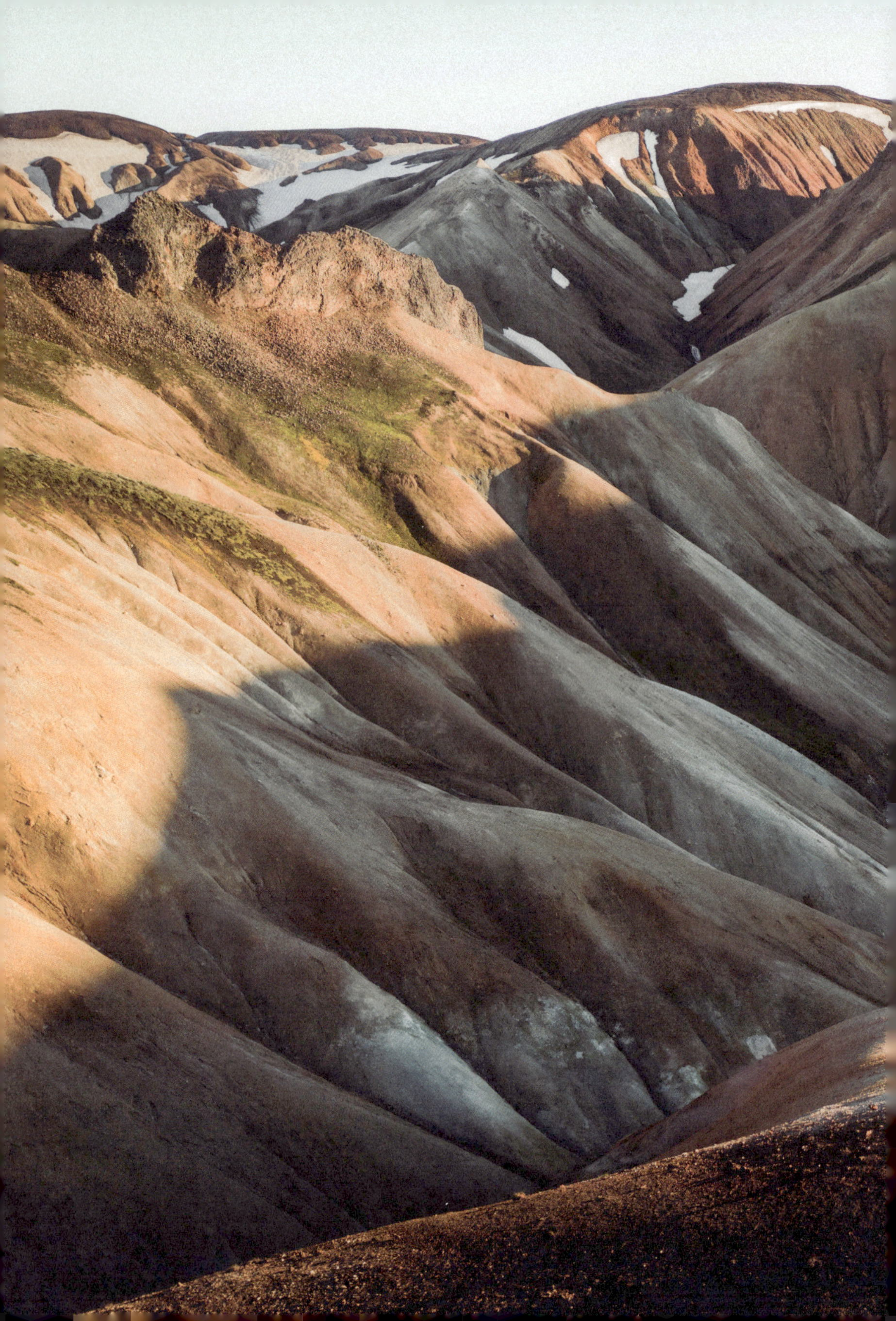

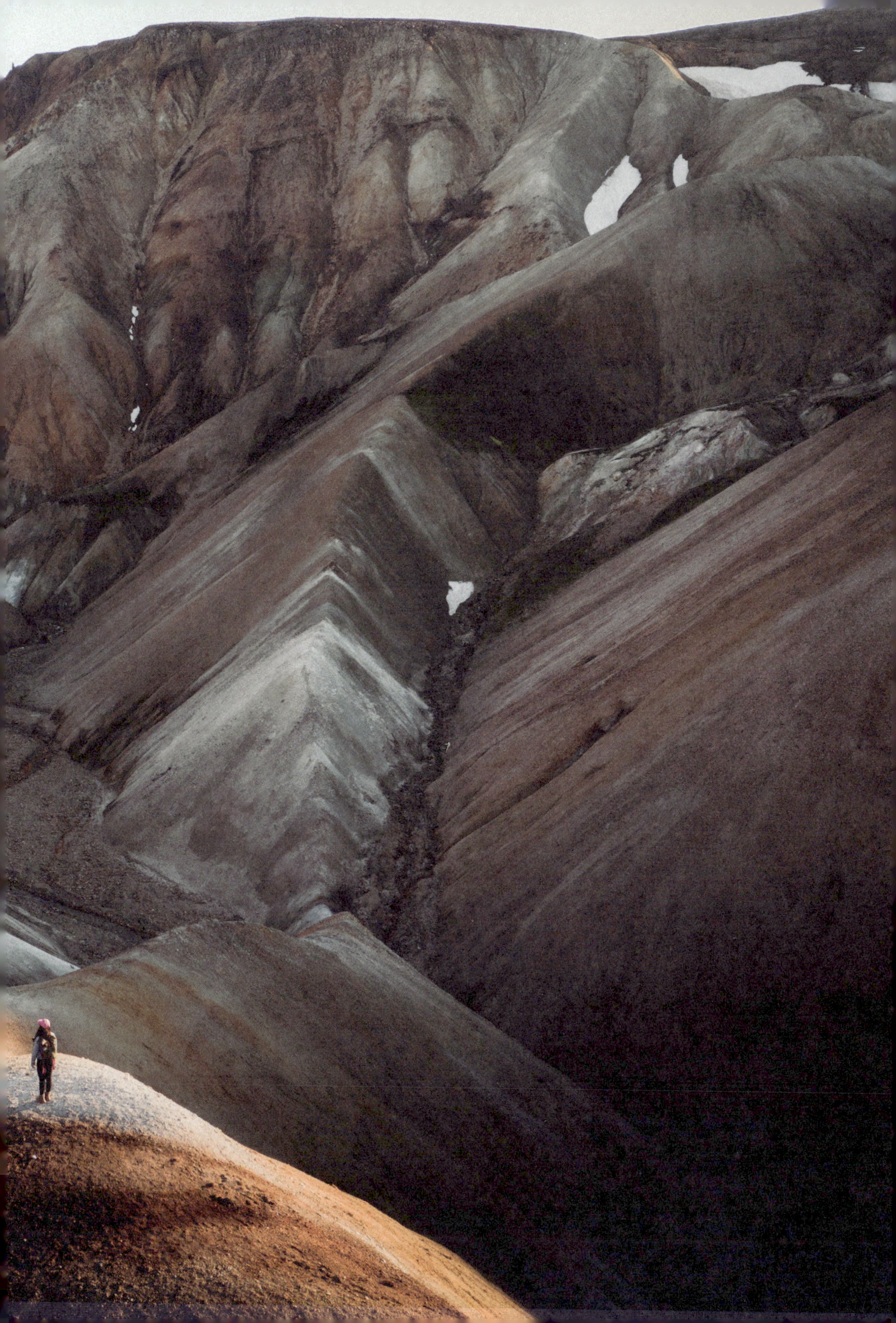

内陆高地注意事项

　　冰岛的生态环境极为脆弱，尤其是内陆高地，人类对环境造成的损害可能会持续几十年之久，所以游客必须小心谨慎，不要人过留痕。在冰岛，保护环境，人人有责。若冰岛人看到有人将烟头扔出车窗、破坏苔藓、在岩石或火山熔岩上刻字、带走石头当纪念品、不在公路上驾驶时，他们会心痛不已。

　　内陆高地多河流，且河流上未建桥。若计划来高地自驾，你需要一辆越野性能极佳的四驱车。因为游客不熟悉内陆高地路况，也没有应对突发情况的经验，所以多数冰岛租车公司禁止游客将车驶入内陆高地。还需要知道的是，内陆高地没有加油站和商店，只有山路、营地小木屋和救援站。若你没有齐全装备和专业知识，自驾很容易迷路。总而言之，高地自驾绝非易事。

　　科约鲁尔（Kjölur）和斯本雷吉森杜尔（Sprengisandur）是两条自南向北贯穿冰岛的高地碎石山路。和其他山路一样，这两条山路在天气干燥的盛夏时分才对外开放。若山路泥泞，汽车则无法通行。为保证自身安全，游客需始终遵守冰岛的道路封闭规定。

　　在冰岛自驾，有一点请牢记于心：任何时候、任何情况，都不得离开公路到野地驾驶，即便是给其他车让路，否则你会面临高额罚款。冰岛的植被非常脆弱，若你离开主路，开到主路外的植被上，车辙印可能几十年都不会消失。冰岛政府鼓励目击证人发录像视频和照片给警方，举报该违法行为。

在高地当一名文明游客

- 请勿离开公路到野地上驾驶。

- 请勿破坏苔藓和其他植被。

- 请勿带走石头当纪念品。

- 请勿向温泉和地热池投掷任何东西。

- 请勿乱扔任何垃圾（包括卫生纸）。

- 如果你打开了一扇铁门，一定要随手关上。若未及时关上铁门，羊群会乱跑，到了秋天的赶羊节，主人就无法找到自家羊群。

- 请始终遵守封闭区域的规定，切勿进入孵化期的鸟类保护区等其他保护区。

雷克雅未克

　　雷克雅未克是世界上最北，也是人口最少的首都城市，仅有 23 万多人居住于此。麻雀虽小，五脏俱全。雷克雅未克有着活力四射的文化、令人"上头"的音乐会、高水准餐厅和繁华热闹的夜生活，比同规模城市或城镇更具烟火气。

　　雷克雅未克市中心坐落着五颜六色的小木屋，若不是一条城市快速路贯穿整座城市，你会误以为雷克雅未克只是座古朴的小渔村。雷克雅未克有枝繁叶茂的社区，也有熔岩区的郊区，无论你身在何处，大自然永远近在咫尺。崎岖的海岸线、美不胜收的海湾和海滩、葳蕤葱郁的山谷和森林，与雷克雅未克隔海相望的埃斯亚山相得益彰。

　　来冰岛的游客大多会直奔旅游手册上的瀑布和冰川等郊外景点，而不在雷克雅未克久留。但我建议你不妨多花点时间探索这座城市。运气好的话，在春天的黄昏时分，你将能看到日落西山，霞光瑰丽，与雷克雅未克隔海相望的斯奈菲尔冰川熠熠生辉。20 世纪 50 年代，一首描写雷克雅未克春夜的歌曲火遍冰岛，歌词写道："雷克雅未克的春夜，美得无与伦比。"此情此景，相信你也能对歌词感同身受。

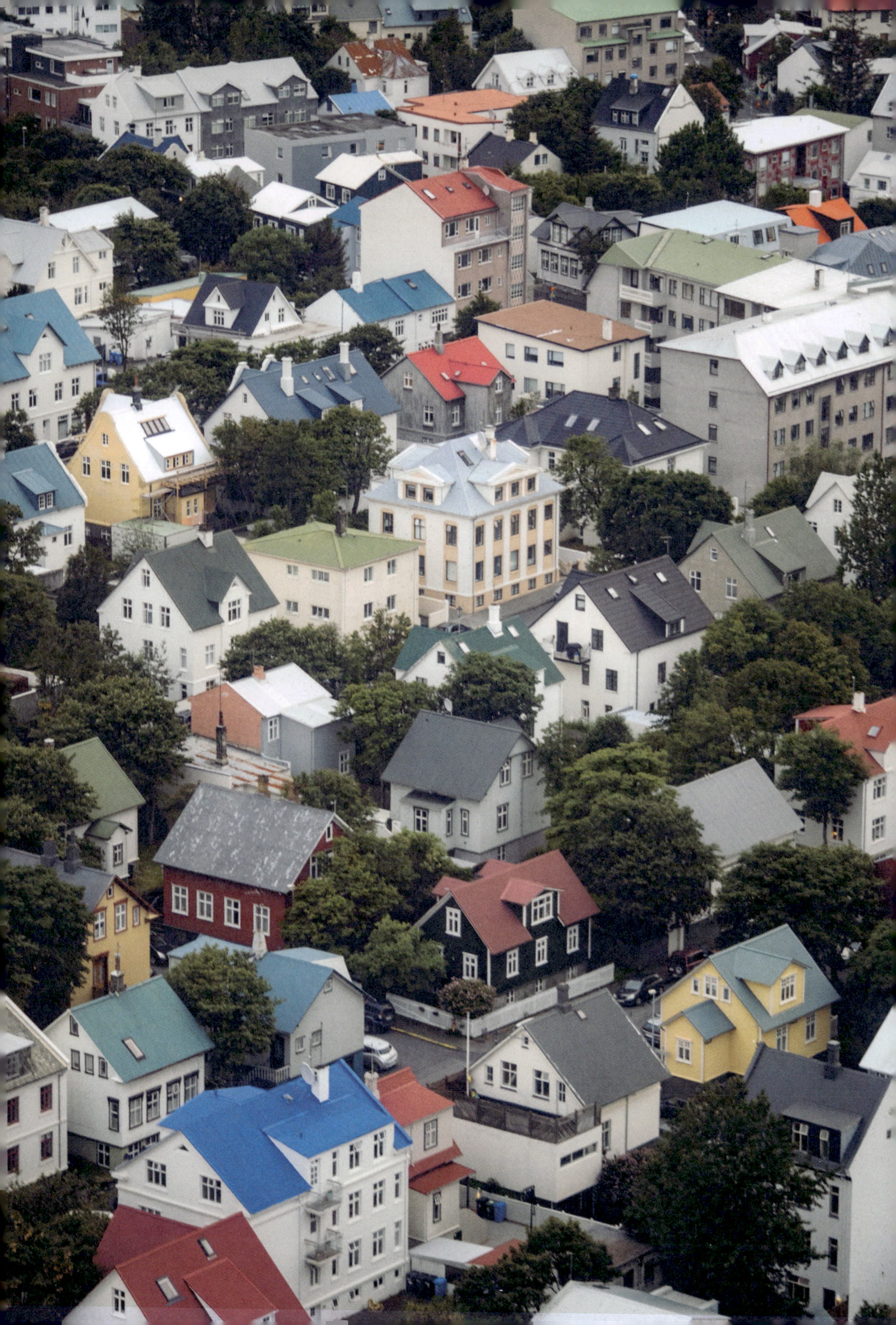

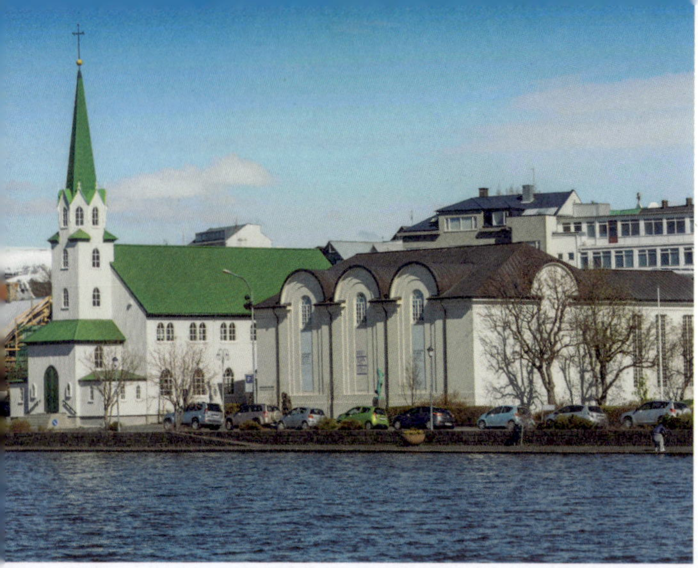

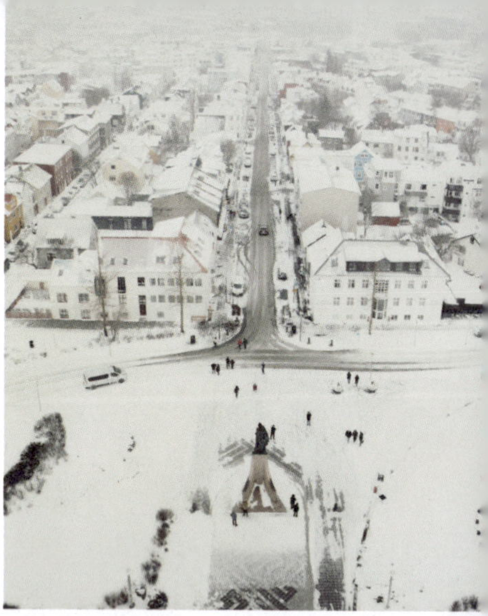

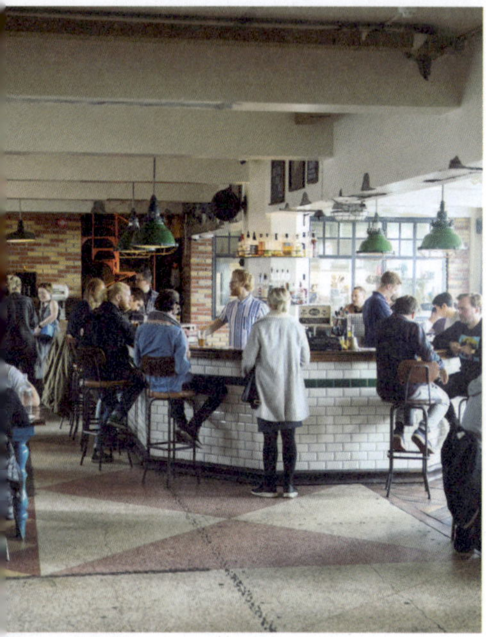

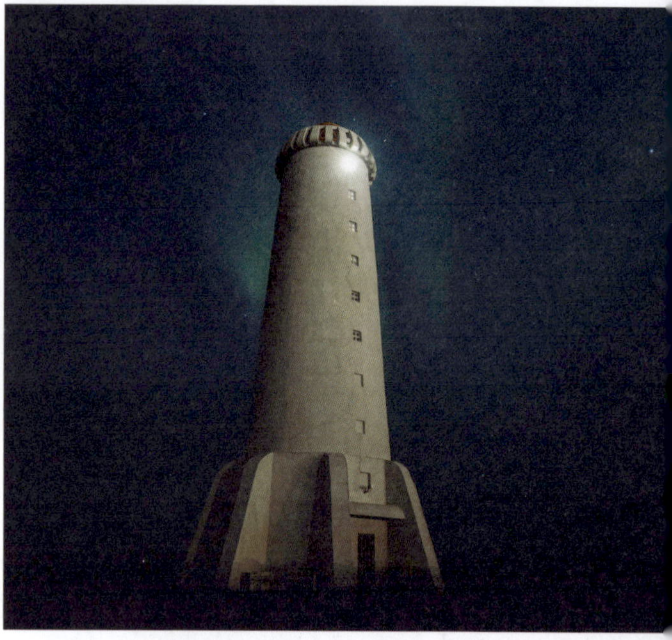

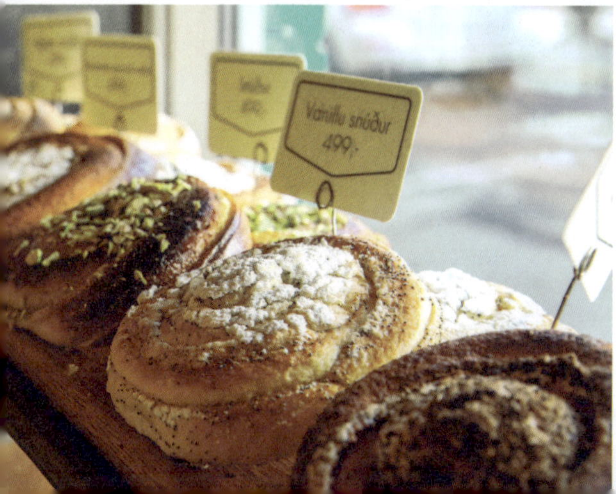
Vanillu snúður
499,-

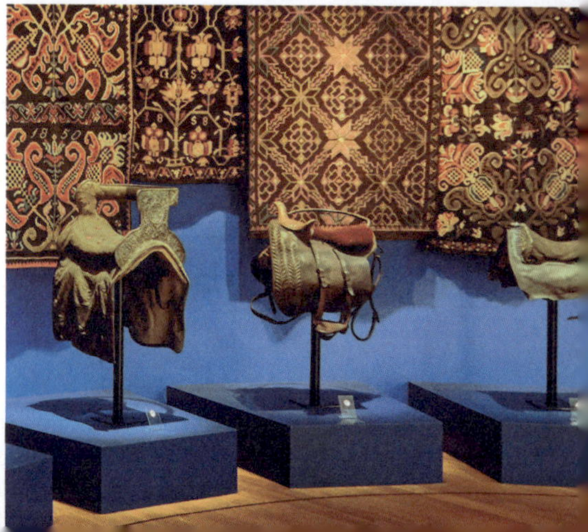

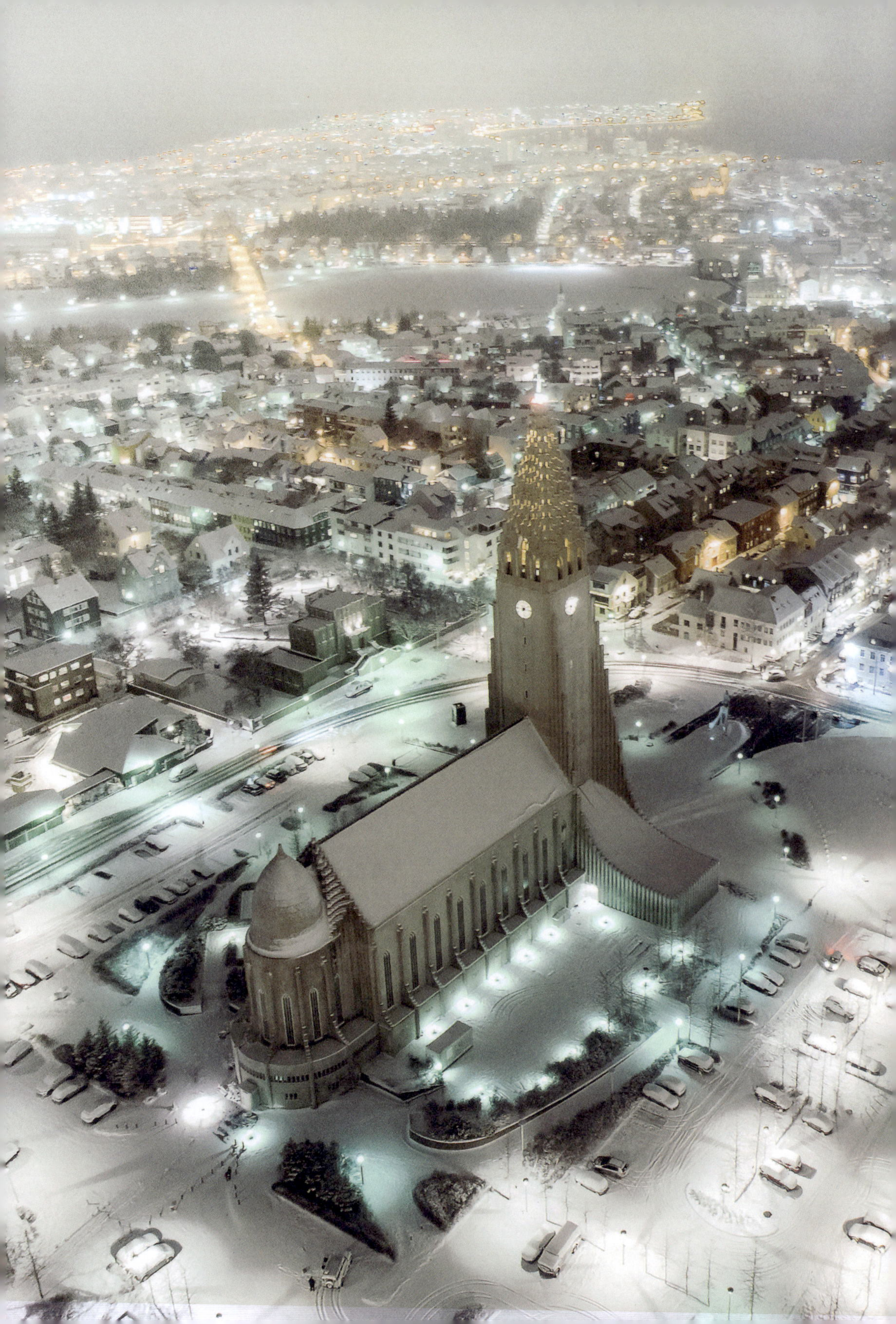

北大西洋的冰与火之歌

雷克雅未克简史

12世纪的《定居者之书》记载，公元870年左右，英格尔夫·阿尔纳尔松和妻子海尔维格·弗罗扎多蒂尔定居冰岛。他们从挪威出发，靠近冰岛时，英格尔夫往海里扔了两根柱子，决定按照上帝旨意，去柱子冲上岸的地方定居。而后，他们在一处冒着温泉热气的海湾找到了柱子，于是决定定居于此。作为挪威人，他们从未见过地热温泉，误以为热气是烟雾，所以给自己的农场命名为"雷克雅未克"，即"冒烟的港口"。

2001年，雷克雅未克市中心新建一家酒店时，施工队发现了维京房屋遗址。经考古学家鉴定，遗址内残存的火山灰来自公元871年左右喷发的托尔法冰川下的火山，因此专家推断出该遗址存在的时期。如今，该遗址已改为遗址博物馆，对公众开放。遗址附近还发现了一座年代更早、规模更大的维京农场，或许可追溯到公元865年左右。

1000年以来，雷克雅未克只是一片农场。到了18世纪，它已成为丹麦统治的行政中心。18世纪50年代，冰岛治安官斯库里·马格努森在这座"村庄"中建立纺织、制革和羊毛染色工厂，为建设冰岛首座城镇奠定了坚实基础，因此他也被誉为"雷克雅未克之父"。如今，你仍然可以在雷克雅未克找到那个年代的建筑，该建筑位于市中心的主街（Aðalstræti）10号，建于1762年，是雷克雅未克历史最悠久的房屋。

1843年，雷克雅未克成为议会所在地，100年后的1944年，它成为冰岛共和国首都。20世纪，雷克雅未克蓬勃发展，逐渐走向城市化。20世纪初，雷克雅未克是一座只有6000人口的村庄；20世纪50年代，雷克雅未克已一跃成为人口近6万的城市。如今，近三分之二的冰岛人居住在雷克雅未克及周边地区。

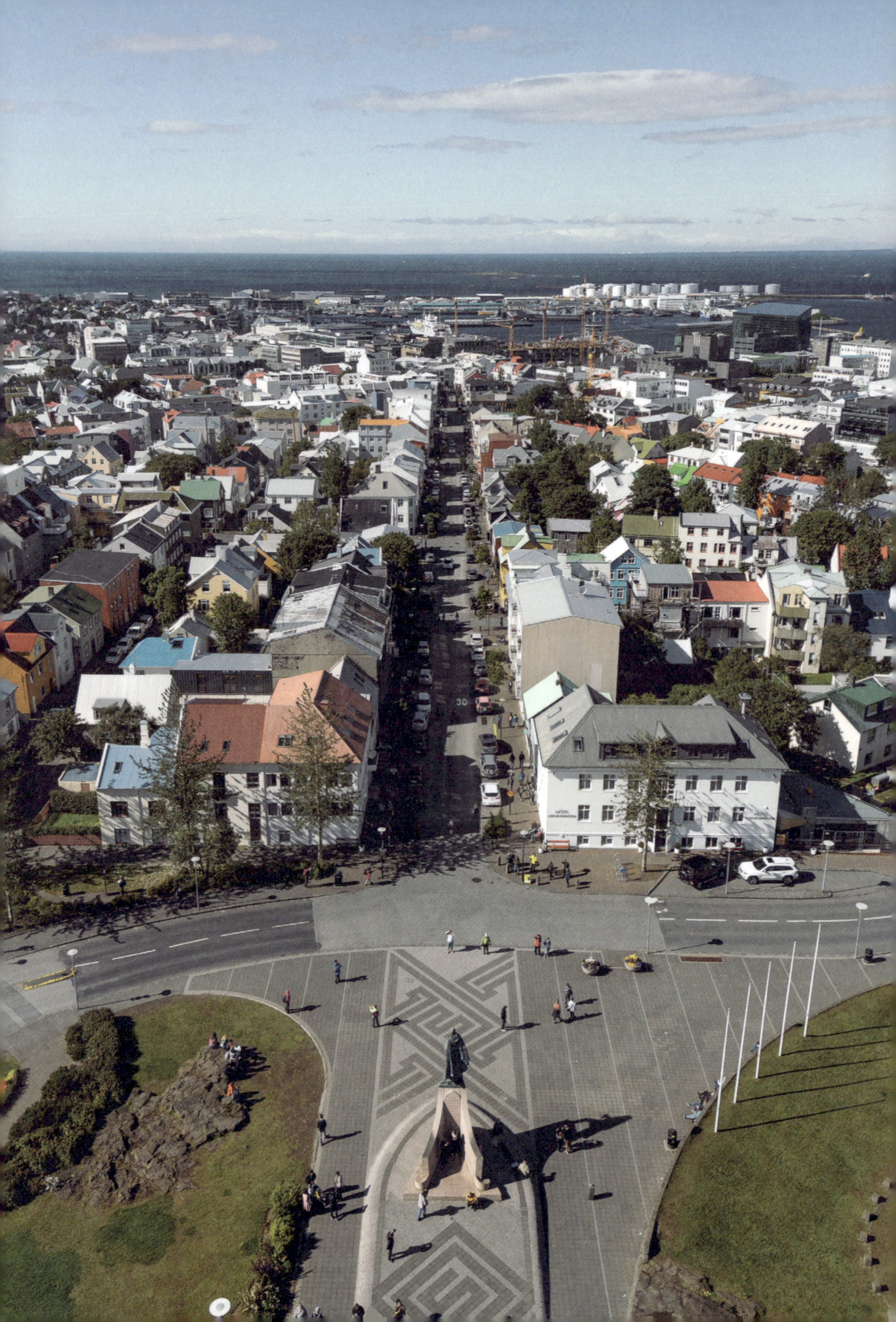

和我在雷克雅未克过一天

探索雷克雅未克之前，你可以租一辆自行车。记得带上防风防水的外套和泳衣，因为要么你被雨淋湿，要么去泡澡，无论如何你都会被弄湿。

上午，可以来老城区逛逛，在一家咖啡馆享用早餐（推荐 Reykjavík Roasters, Grái Kötturinn, Duck & Rose）。然后去参观冰岛最大的教堂——哈尔格林姆教堂。若想俯瞰整座城市，你可以登上 75 米高的教堂塔楼。接着，逛逛教堂外彩虹路的时尚精品店，再去托宁湖看看鸭子和天鹅，但夏天不要喂它们面包，因为这会吸引攻击小鸭子的海鸥。接着到了东广场，可以看到冰岛的议会大厦——阿尔庭，然后参观雷克雅未克主教座堂。城市北边的老港口聚集了很多小型设计精品店、咖啡馆、餐厅、博物馆和艺术画廊，多数店铺位于翻新过的船库内。在那里享用午餐是个不错的选择，推荐你试试雷克雅未克历史悠久的餐厅——Kaffivagninn。该区域也是观鲸和海鸟观光之旅的出发点。老城区迷你而精致，几个小时就能逛完。

午餐后，沿着自行车道向西前往格罗塔灯塔，然后沿着南海岸绕过雷克雅未克机场到诺索尔斯维克地热海滩，你可以去地热海滩旁的大西洋游泳，或在地热蒸汽浴和热水浴池中暖身。你还可以登上海滩附近的珍珠楼观景台，360 度欣赏雷克雅未克的美。

从珍珠楼返回市中心后，如果你精力充沛，还可以穿过郁郁葱葱、野兔遍地的埃利扎达鲁尔（Elliðaárdalur）山谷，去亚柏亚（Árbær）郊区参观亚柏亚露天民族博物馆，感受冰岛人过去的生活方式。亚柏亚的游泳池也不错，值得一去。原路返回诺索尔斯维克地热海滩，沿欧斯克（Öskjuhlíð）山丘向北走，穿过克兰布拉顿公园后就是北海岸，在那里你可以欣赏埃斯亚山的绝美景色，如果你幸运的话，甚至可以看到 100 多千米开外横跨法赫萨湾的斯奈菲尔冰川。最后，你可以去参观壮观的哈帕音乐厅。

晚餐时，你可以回到老港区。Grandi Mathöll 美食广场有实惠的炸鱼薯条。如果你想尝试有创意的传统冰岛食物，推荐 Flatey 比萨店和 Matur og Drykkur 餐厅。老城区有不少提供现场音乐表演的酒吧和俱乐部，详细信息可查阅《雷克雅未克快报》报纸上的每周活动列表。回酒店前，别忘了去 Bæjarins Beztu 热狗店品尝"城市最佳"热狗，这家热狗店周末很晚才打烊。

雷克雅未克必打卡事项

游泳池： 西城区泳池（Vesturbæjarlaug）——雷克雅未克的文人雅士泡温泉的好去处；"游泳宫"泳池（Sundhöllin）——极具艺术气息的泳池；劳加德泳池（Laugardalslaug）——水上项目最多的泳池。冰岛孩子最喜欢莫斯费德斯拜尔的拉盖菲尔（Lágafellslaug）泳池和科帕沃于尔西边的游泳池。泳池配备水滑梯和带小滑梯的儿童浅水池，还有一个室内游泳池。

博物馆： 雷克雅未克艺术博物馆、冰岛国家美术馆、冰岛国家博物馆、雷克雅未克海事博物馆、传奇博物馆和冰岛鲸鱼博物馆。如果你到了珍珠楼，不妨去参观冰岛奇观和欧若拉北极光天文馆展。除此之外，雷克雅未克还有许多小型艺术博物馆，如果你想猎奇，不妨去看看冰岛阴茎博物馆。

公园和绿地： 埃利扎达鲁尔公园休闲区；劳加达鲁尔（温泉谷）的家庭公园、动物园和植物园；有第二次世界大战遗迹的欧斯克山丘；格罗塔灯塔海岸地区和灯塔；黑斯莫尔克自然保护区；有假火山口景观的红石峰；埃斯亚山，从雷克雅未克去埃斯亚山徒步十分方便，你甚至可以搭城市巴士去埃斯亚山。

购物： 彩虹路和洛加维格街，适合逛小型精品店。如果想买大品牌，可前往柯林兰购物中心或斯马拉林德购物中心。

餐厅和咖啡馆： Snaps Bistro，Sæta svínið，Apótek，Austur-Indíafjelagið，Public house，Grillmarkaðurinn，Fiskfélagið，Rok，Kol，Kopar，Forréttabarinn，Kaffi Vest（也称为 Kaffihús Vesturbæjar）和 Kaffitár。

酒吧和音乐厅： Húrra，Kaldi，Veður，Prikið，Ölstofan，Dillon 酒吧和哈帕音乐厅。

北大西洋的冰与火之歌

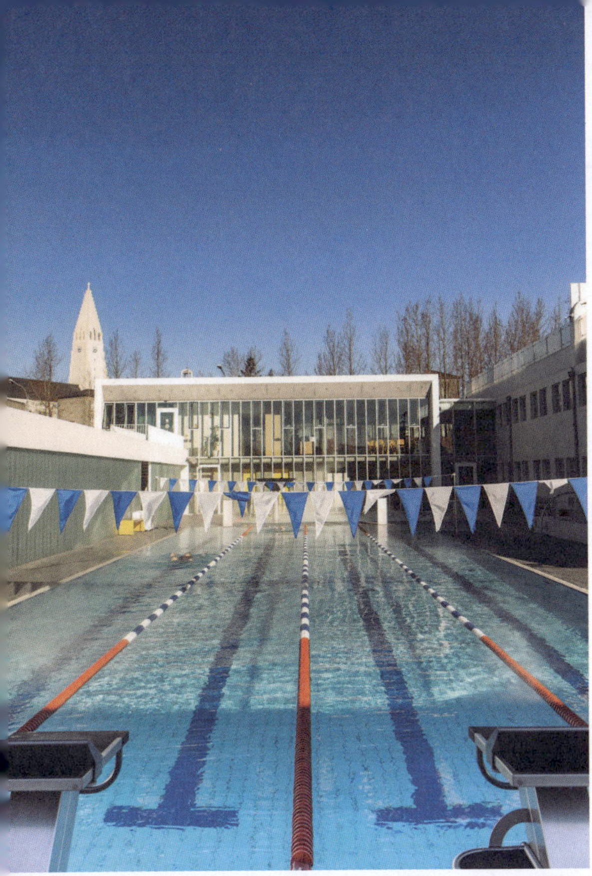
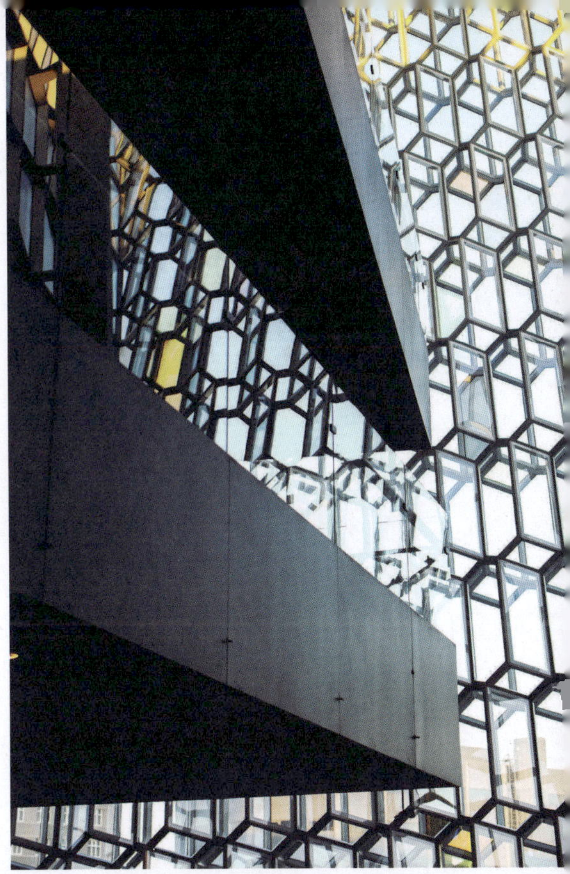
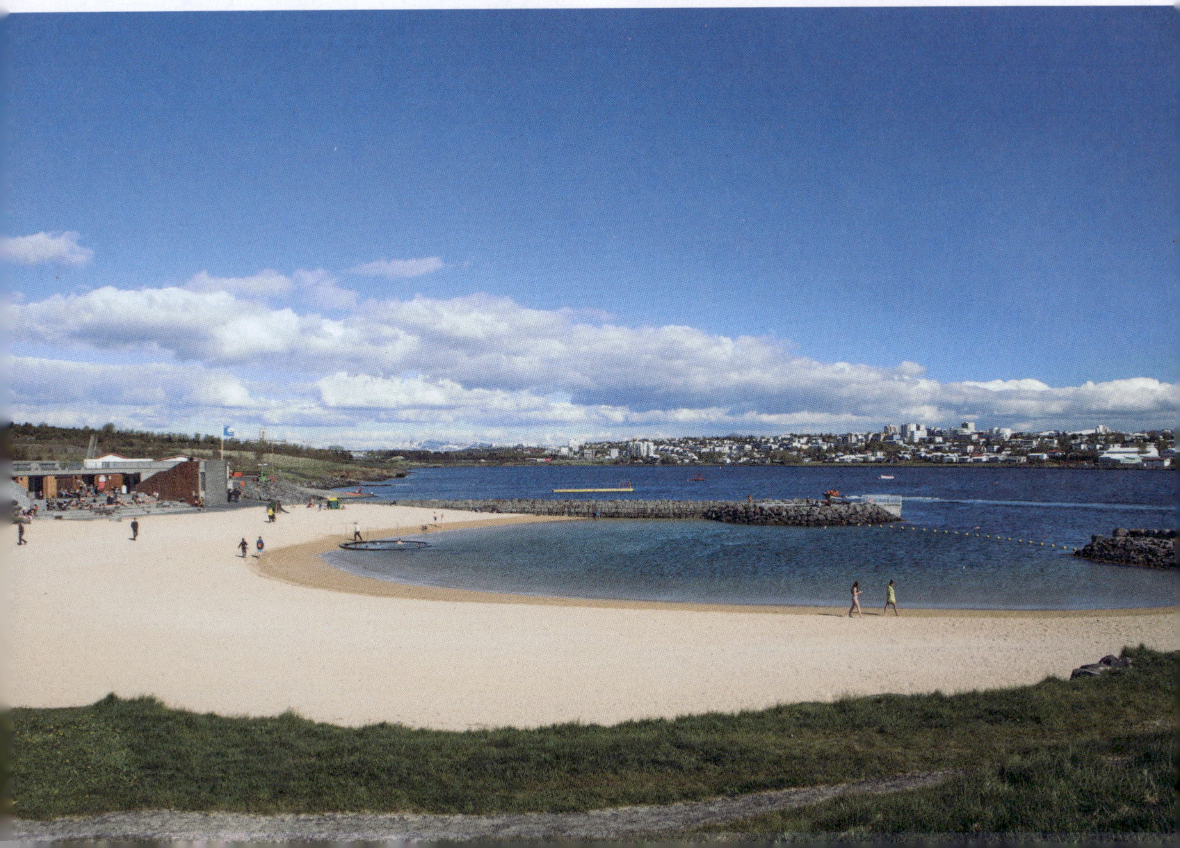

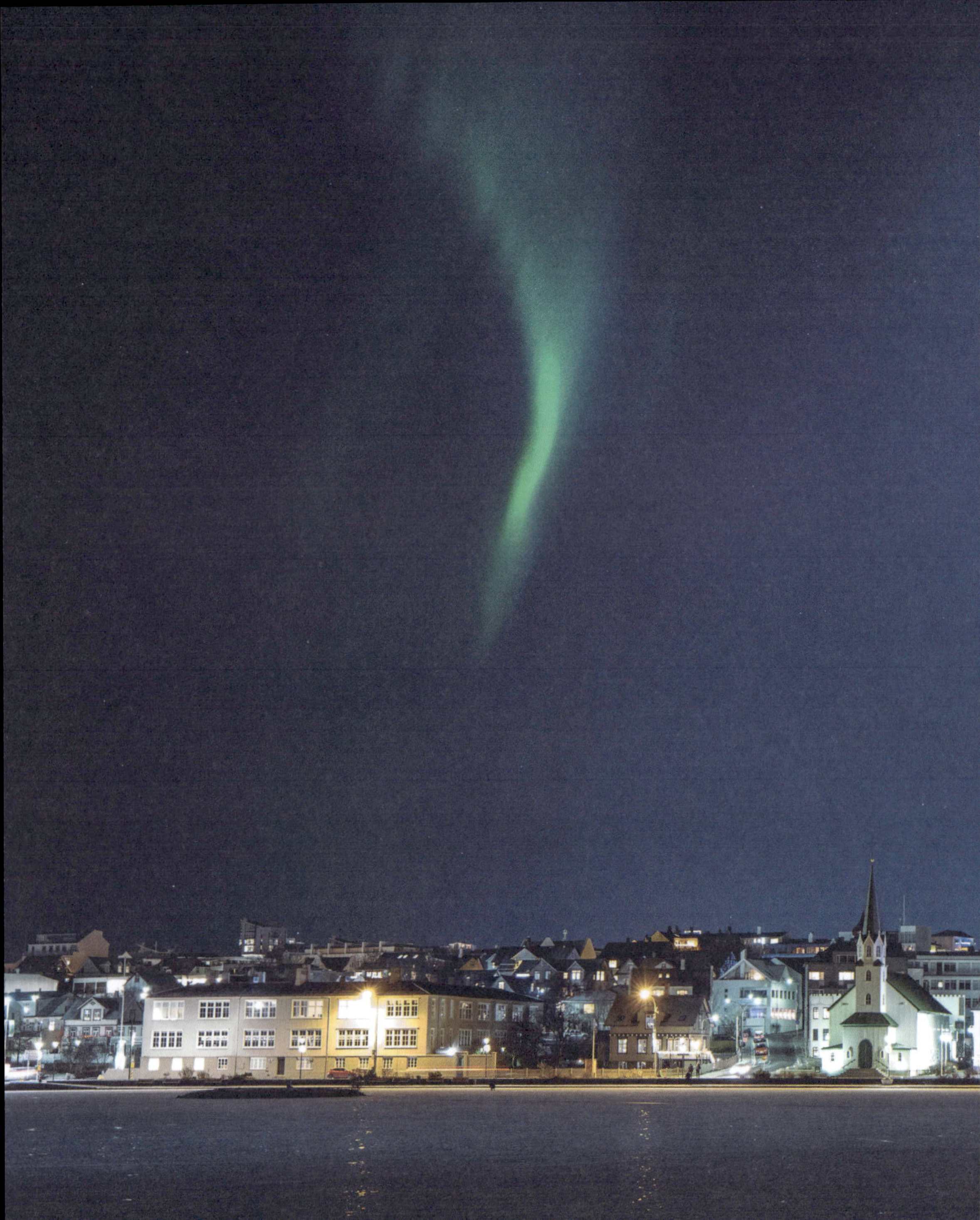

冰岛人的
前世今生

与
大自然
和谐相处

  恶劣的自然环境塑造了冰岛人独特的生活观。在冰岛，大自然时刻提醒着人们，与自然蕴含的力量相比，人类的力量微不足道。地震随时可能发生，火山也可能随时爆发。暴风雪来临时，冰岛人除了等待风暴过去和用铲雪车清雪，什么也做不了。

  也许知道自己如沧海一粟，冰岛人不会太把自己当回事。他们勇于尝试新事物，学习和适应能力也极强。天气好的时候，他们会立即冲出家门，涂漆篱笆或者收割干草，即使要少睡几小时或没时间喝下午茶。在他们看来：干活比休息重要！

  在冰岛，多数人每天出门就能望见广袤大海和连绵山脉，开车半小时就能亲密接触大自然。正因如此，冰岛人坚信：广阔天地，大有可为，有志者事竟成！

  数百年来，冰岛人经历过无数次饥荒、苦难和极端天气，生活举步维艰。但无论境况如何，他们都团结一致。如果有冰岛人在国外小有成就，冰岛人都会无比自豪。2016 年，冰岛男子足球队挺进欧洲足球锦标赛决赛，冰岛成为迄今为止取得该优异成绩最小的国家。冰岛人举国同庆，成为球场上冰岛球员最坚强的后盾。当时，竟有 10% 的冰岛人赴法国以"维京战吼"（参见第 52 页）的方式为冰岛球员加油助威。冰岛人坚信：团结就是力量！

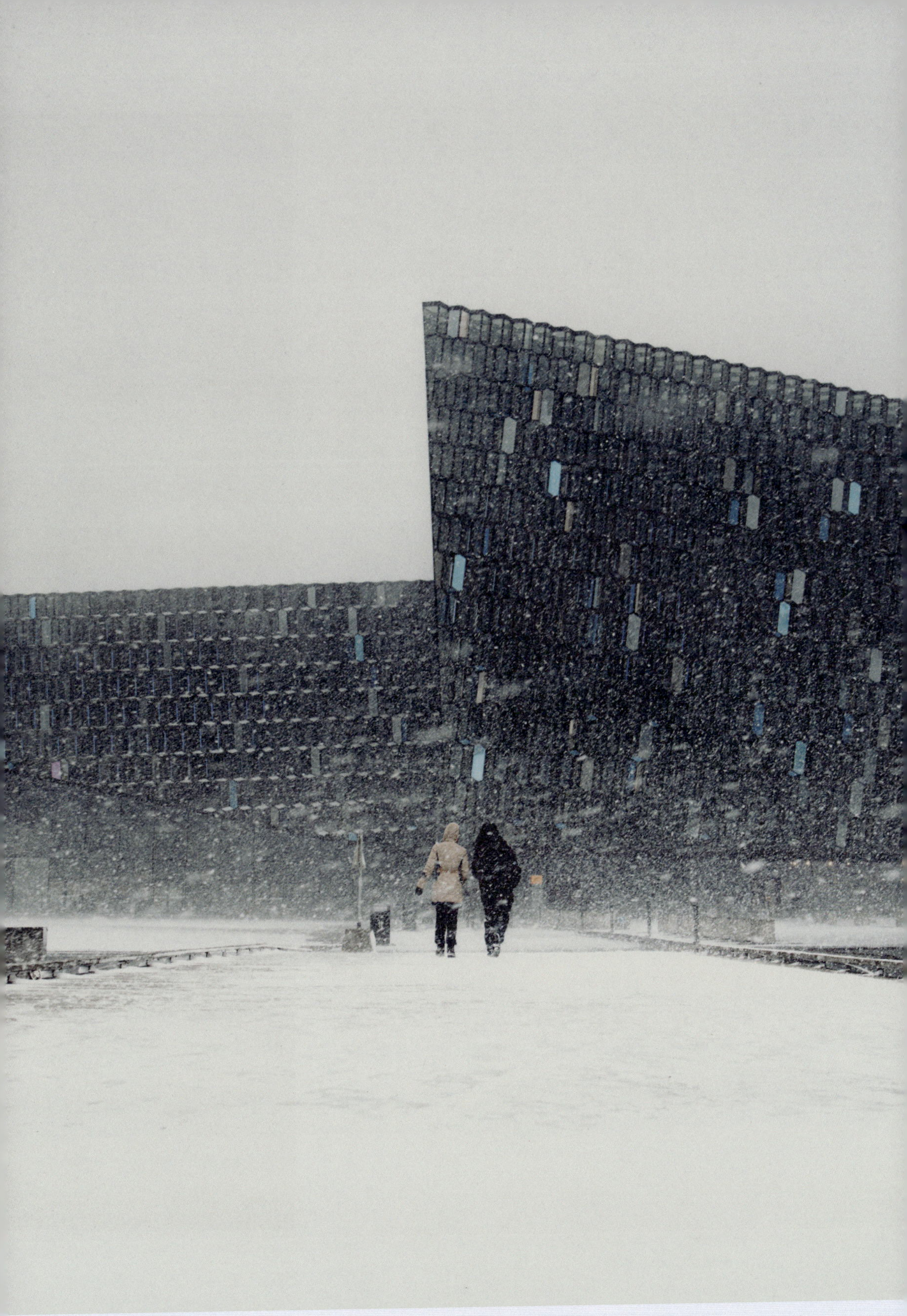

一切
都会好的

  冰岛人的生活观，一言以蔽之，就是"þetta reddast"，大意为"一切都会好的"。

  数百年来，冰岛人经历过饥荒、贫困、自然灾害和无尽寒冬，他们已学会自力更生、乐观且坦然地接受命运安排。

  冰岛人的祖先生活在草屋，与恶劣的自然环境艰苦斗争乃家常便饭。经过数百年的发展，如今，冰岛人住上了有地热的房子，过上了舒适且高质量的生活。然而，2017 年，冰岛大学开展的一项调查表明，近半数冰岛人现在还是相信"一切都会好的"，这证明该处世哲学仍有现实意义。

  调查结果还表明：过半冰岛人认为自己"非常幸运"或"相当幸运"。那些幸存下来的后代在北大西洋中心环境恶劣的岛屿上，克服种种困难茁壮成长，确实也证实了"一切都会好的"。

什么时候说"一切都会好的"

  倘若你在春天联系冰岛农民，预订夏天的度假屋，他会欣然答应，并表示他正在盖度假屋。当你问他夏天是否能按时入住，他会说："别担心，一切都会好的。"事实也确实如此。

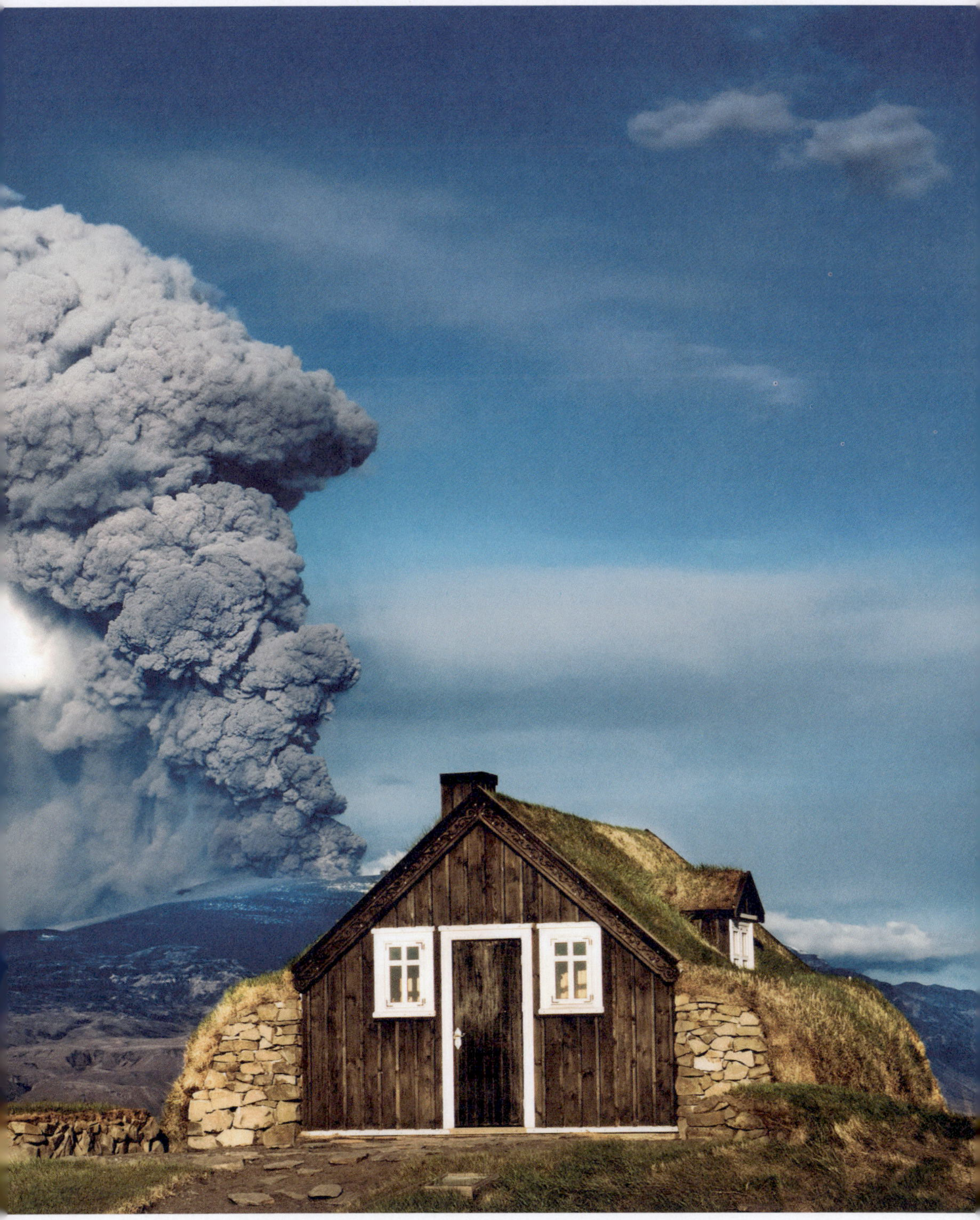

在冰岛，
每个人都沾亲带故

如果你问一个冰岛人是否见过著名歌手比约克，他可能会说，他们是亲戚，或者和比约克的家人是校友。冰岛儿童足球比赛上，你若看到冰岛总统或总理和其他家长一样，站在场边为孩子加油助威，还和其他家长轮流给孩子烤热狗，也不是什么稀奇的事。

冰岛人烟稀少，社会保障体系完善，老百姓安居乐业，幸福感指数很高。多年来，冰岛在《世界幸福报告》的"世界最幸福国家"榜单稳居前五。

相对而言，冰岛人的人情来往较多，主要是因为大多数冰岛人都生活在雷克雅未克。这种亲密的关系意味着冰岛比大多数国家更有凝聚力，社会孤立现象较少。在国家层面上，冰岛人也很团结，无论发生什么，冰岛人都能聚在一起，甘苦与共。因为人烟稀少，所以每个个体都很重要，每个人都有表达观点的权利。如今社交媒体日益兴起，一条简短的博文和帖子就可以将事件推到风口浪尖，并直接影响政府的决策。2020 年，冰岛一位母亲在网上发帖，称她的儿子经历校园霸凌后不得不转校。帖子一经发出，在冰岛引起轩然大波。所有冰岛人团结一致，纷纷表示要坚决抵制校园霸凌事件。政府部长、国家足球队队长、众多明星甚至致电遭遇霸凌的男孩，以表支持和安慰。

在冰岛，天地广阔，大有可为。社会没有什么竞争，加之福利保障体制完善，冰岛人的试错成本极低。只要你有真才实学，前途不可限量。冰岛人对"铁饭碗"并不"感冒"，自身的职业发展规划也并非一成不变。人到中年时，他们依然会重返校园进修学习，提升自己。

冰岛人的前世今生

冰岛全民信任度很高。在首都雷克雅未克，孩子们可以自由地四处活动，在户外玩耍，无须成人监督。你会看到几岁的孩子在冬日天未亮的早晨独自走路去学校，父母去咖啡馆时，孩子被留在咖啡馆外的婴儿车里睡觉。如果你的车陷在大雪中，不用担心，总会有冰岛人停下来帮你把车拖出来。

冰岛人的幸福感、安全感和对生活的掌控感与冰岛人的集体努力密不可分，当然冰岛国家的"小"也为这些奠定了基础。

维京战吼

2016年的欧洲足球锦标赛中，冰岛球迷用维京战吼为冰岛国家队队员加油助威，震撼全场。他们究竟是如何做到的呢？

简而言之，就是一群人聚在一起，大声呼喊和拍手，吓得对手连连退却。

1. 高个子和强壮的鼓手站在最前面。

2. 在鼓手带领下，队员双手鼓掌，举起手臂，齐声高喊一声"呼"。呼声循序渐进，节奏越来越快，直到呼声像一堵巨大声墙，坚不可摧。

3. 然后，就能看到对手被吓得连连退却。

工作
让人变得
有价值

在冰岛，有这样一句广为流传的谚语，"工作让人变得有价值"。数百年来，由于冰岛人的生存和工作环境极为恶劣，以及信仰让他们认为只有努力工作才能进天堂，辛勤工作的理念根深蒂固。2022年，冰岛开始试点，将每周工作时间从40小时缩短到36小时，但冰岛的平均工作周仍然比其他欧洲国家都长（2019年为44小时），而且一个人同时打多份工也并不罕见。

冰岛人认为，孩子从小劳动大有裨益。几十年前，冰岛学校的校历都是根据农忙时间制定的：5月初学校开始放假，孩子们就可以在农场照顾羊羔；9月中旬"赶羊节"结束，孩子们就重返校园，开始新学期的学习。如今，冰岛社会还是非常鼓励青少年在暑假打工，15岁以上的年轻人除了暑假，也会在读书期间打工。在超市收银台和鱼类加工厂经常能看到十几岁冰岛青少年工作的身影。据统计，2018年约有四分之一未满18岁的青少年勤工俭学。在雷克雅未克和其他地区，市政府每年暑假都会开展"工作学校"项目，该项目为13～16岁的青少年提供3周的工作机会，每天工作7小时，旨在培养青少年基本职业技能，比如养成"早睡早起"的好习惯和培养正确的时间观念和责任感。

工作的主要内容为在公园修剪草坪和帮老年人打理花园。冰岛青少年也对"工作学校"乐在其中，但工作强度存在争议。阳光明媚的午后，常能看到青少年或在花坛里打盹，或一边和朋友闲聊一边靠在铲子上休息。尽管如此，该项目仍是青少年步入职场关键的第一步。

冰岛是
女性天堂
（也是男性天堂）

  2020 年，世界经济论坛连续 11 年将冰岛评为世界上性别最平等的国家，几乎消除 88% 的性别差异。性别平等已成为冰岛社会的一部分。但冰冻三尺非一日之寒，性别平等是冰岛女性和女权主义运动几十年如一日努力的成果，当然也离不开社会和政客的支持与努力。对于日前取得的"战绩"，冰岛人引以为豪，但也明白争取性别平等是场持久战，这场战斗可能永远不会"赢"。

  冰岛在男女平等方面取得的成就世界领先，也许主要是因为冰岛人意识到：不仅是女性，人人都将因平等受益。男性愿推动男女平等改革，为男女平等努力，这至关重要。

1975年，联合国确定该年为国际妇女年。同年，冰岛首次因争取性别平等的"女性罢工日"成为世界焦点。1975年10月24日，冰岛全体女性罢工，不工作也不做家务，走上街头抗议，争取性别平等。据说当天，不少冰岛男性第一次换尿布，许多家庭的晚餐只有热狗和酸奶。这次女性罢工让冰岛社会陷入瘫痪。1975年的冰岛非比寻常，"女性罢工日"也预示着新时代的到来。

1975年以来，冰岛女性多次罢工。罢工当天，女性根据性别差异导致的薪资差异，决定何时提前下班。她们分别于2005年下午2点8分，2010年下午2点25分，2016年下午2点38分，提前下班；而在2018年，下午2点55分，她们才下班。这表明因性别差异导致的薪资差异正与日减少。2018年生效的强制性工资平等认证有望完全消除这一差距，该认证规定，员工数量超过25人的公司和机构，必须遵守男女雇员"同工同酬"的原则。

1983年，女性联盟——一个全女性的政党在冰岛成立，该事件具有里程碑意义。因为女性联盟的存在，当年选举中，国会中的女性比例从5%跃升至15%。女性联盟存在了17年，在此期间，联盟改变了公众态度和女性话语权，并形成了新的社会共识，即社会需要更多女性掌舵。雷克雅未克市议会成员中，女性人数从20%增至53.3%，女性议员的比例也从5%增至25%。

2009年，约翰娜·西于尔扎多蒂尔当选为冰岛第一位女性总理。她在任期间，内阁男女部长人数首次持平。

然而，2017年的冰岛议会选举中，女性议员的数量下降，这给冰岛女性敲响了警钟：性别平等之路道阻且长。2017年的选举后，冰岛迎来了第二位女性总理卡特琳·雅各布斯多蒂尔，截至2022年，她的内阁共11位部长，女性占5席。此外，还有众多冰岛女性也身居高位，比如冰岛教会的主教就是女性。

冰岛在经济合作与发展组织（OECD）中拥有最高的女性劳动力参与率（2019年的数值为77.3%，OECD平均值为53.1%），同时具有相对较高的生育率（每位女性平均生育1.7个孩子；相比之下，欧盟平均水平为1.5个）。你可能会疑惑：冰岛女性的高就业率和高生育率是如何共存的？这得益于冰岛多年来建立的良好社会保障体系，包括长假、男女平等、价格合理的托儿服务，以及父母共同育儿的大环境。祖父母，甚至是邻居，都会帮忙带孩子。

在冰岛，产假长达12个月。父母双方各有6个月的产假，其中有6周可以转给另一方，所以父母有一方最多可休假7.5个月，另一方则是4.5个月。

某些特殊情况，比如单身女性通过人工授精成为母亲，或者无法确定孩子生父的身份，这位母亲可以休假12个月，以确保在孩子出生的头几个月里，父母可以充分地参与育儿工作，这有助于实现家庭任务的平等分配，对性别平等产生了开创性的影响，也使男性更积极地扮演好父亲角色，拥有更充实的家庭生活。同时，雇主也认为，无论是女性还是男性都有育儿责任，因此大家都不喜欢下午4点后开会；也理解员工偶尔请假，居家照顾孩子的请求。

此外，公司董事会和公共委员会需执行性别配额制度，国家和市政府也增加了性别响应性预算，重中之重的工作是消除性别暴力。

冰岛第一位女总统

1980年，维格迪丝·芬博阿多蒂尔当选为冰岛总统，成为世界上第一位通过民主选举产生的女性国家元首。你可能想不到，她是一位单身母亲。当选总统后，她带着8岁的女儿搬进了总统府。维格迪丝在位16年，执政期间影响了冰岛一代人。她成为冰岛女孩的精神领袖，而男孩们也意识到女性也可以独当一面，成为伟大的领袖。1996年，维格迪丝卸任。由于维格迪丝在位时间太长，孩子们甚至误以为男性无权竞选总统。

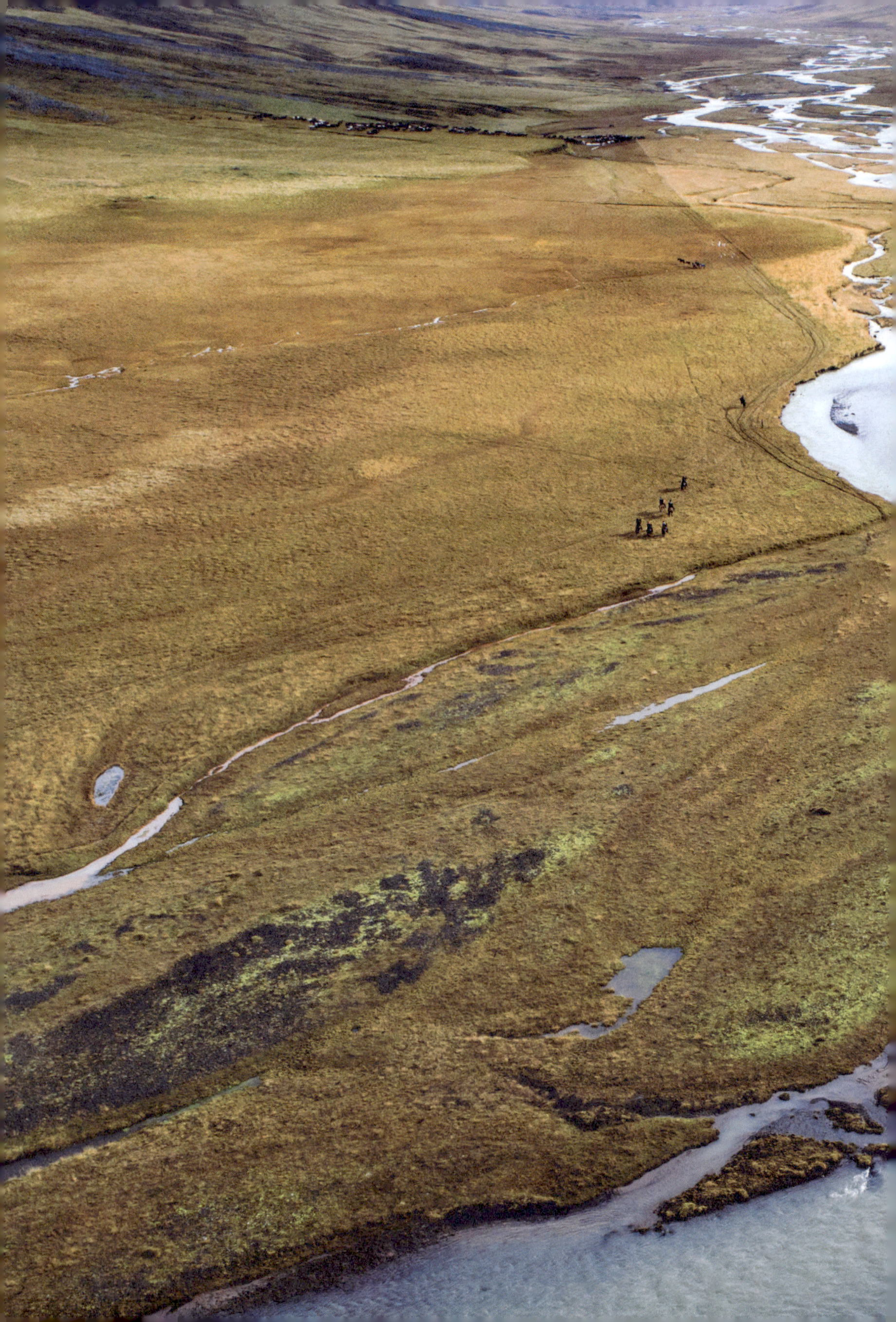

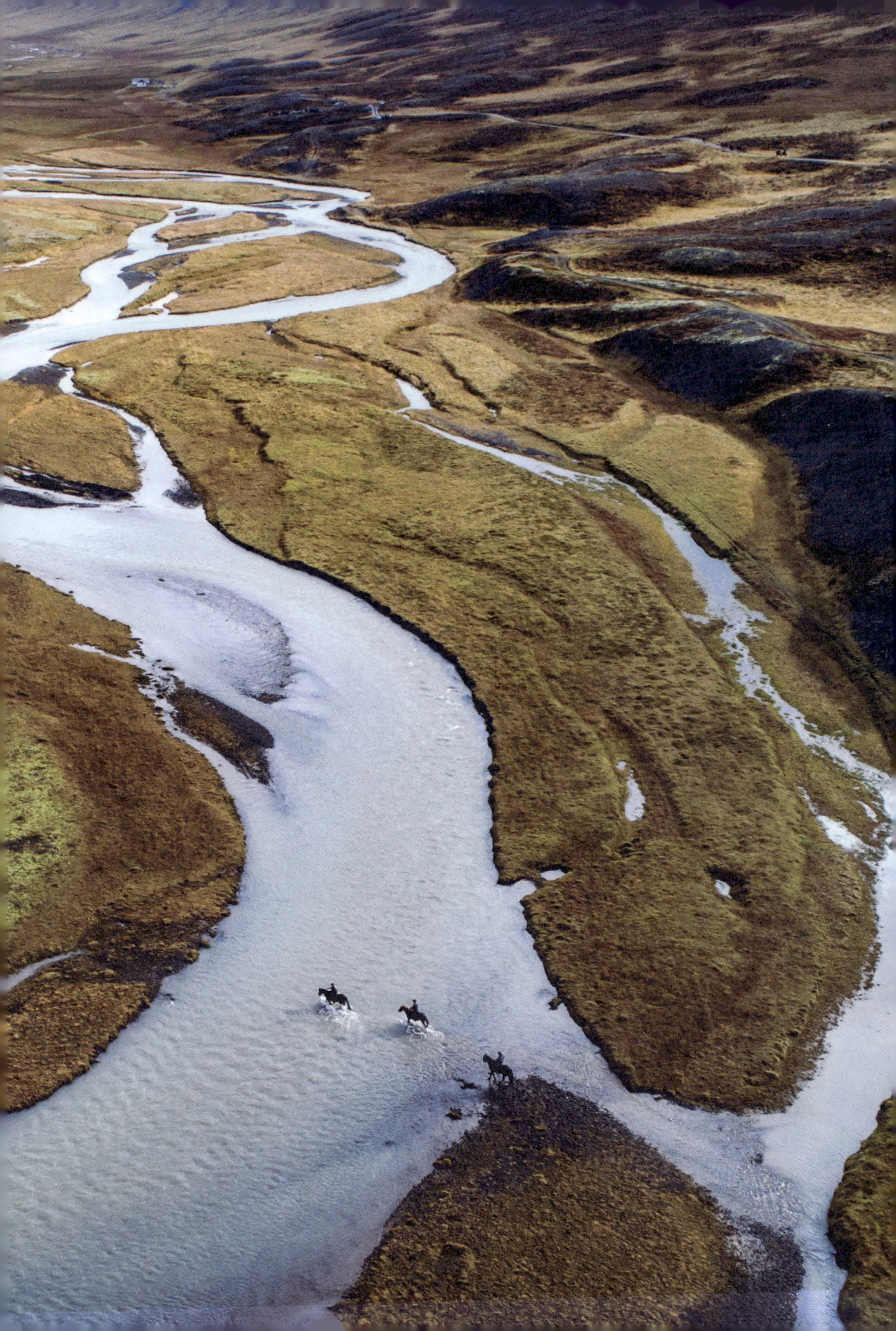

冰岛语

如果你有机会搭乘降落在凯夫拉维克国际机场的冰岛航司航班，请密切关注降落通告。除了听到标准的英语欢迎致辞（也许还包括天气警告），你还会听到乘务员用冰岛语说出两个词："Velkomin heim"（"欢迎回家"）。倘若你能听懂，那么你也就"回家"了。

冰岛语是冰岛人引以为豪的语言，也是冰岛的基本组成部分。冰岛人为保护和传承这门语言呕心沥血。

全世界不到 50 万的人会说冰岛语，其中大多数人还生活在冰岛。冰岛语与古北欧语相似，中世纪时期，斯堪的纳维亚地区的人讲古北欧语。实际上，自 9 至 10 世纪冰岛首次有人定居以来，冰岛语并未发生太大变化。一来冰岛是岛国，远离欧洲大陆；二来冰岛政府近年来，不遗余力地保护冰岛语。冰岛人总是津津乐道：他们能无障碍阅读 800 年前的手稿。这确实有点夸张，但手稿若以现代拼写的方式呈现，冰岛人读懂这些文本则易如反掌。

冰岛语比丹麦语、瑞典语和挪威语等北欧语言更接近维京人的古诺尔斯语，冰岛语也因此被称为"北方的拉丁语"。维京人居无定所，因此他们对其他语言产生了影响，特别是与农业和战斗相关的词汇。你可以猜猜以下冰岛语单词的含义：gras - grass（草），hey - hay（干草），kross - cross（十字架），blóð - blood（血），

bátur - boat（小船），skip - ship（大船），víkingur - Viking（维京人），steik - steak（肉排），rotinn - rotten（腐坏），tröll - troll（巨魔），berserkur - berserk（狂战士），traust - trust（信任）。

当心遇上"语言警察"

18世纪，冰岛语纯洁主义运动拉开帷幕。那时，冰岛语已吸收了丹麦语等其他语言的元素。

埃盖特·奥拉夫松（1726—1768）为冰岛语纯洁主义运动的主要发起人，他是冰岛的探险家和作家。埃盖特博览群书，精通中世纪冰岛文学，热爱自己的语言和文化。除了文学创作，他还编纂了第一部冰岛语词典以规范拼写。

冰岛语纯洁主义运动蓬勃发展，直至今日，仍十分活跃。冰岛人努力不让其他语言影响冰岛语，同时又确保冰岛语在现代社会也有一席之地。英语和法语等语言经常引入外来词，冰岛语则截然相反，冰岛人会创造发展新词汇，以保证冰岛语的纯正性。例如，1964年，第一台计算机进入冰岛，冰岛人为它量身定制了一个新词——"tölva"，即"tala"（数字）和"völva"（女巫）的合成词。此前，冰岛人临时用"rafeindareiknir"，即"rafeind"（电子）和"reiknir"（设备）的合成词指代"计算机"，现在使用的"tölva"简洁明了，所以很快就广为传播。冰岛人有时戏谑说自己是"语言警察"，也更愿接受诸如"sjónvarp"（视觉广播）和"gervitungl"（虚假月亮）等具有冰岛语特色的新词，而不是"TV"（电视）和"satellite"（卫星）等外来词。

历史车轮滚滚向前，冰岛人不忘初心，砥砺前行，保护着他们的母语。冰岛语经受住了时间和外来词的考验和冲击，这表明这门语言对冰岛而言意义重大。冰岛人也意识到，保护冰岛语是他们义不容辞的责任。

冰岛文字母表

冰岛语是一门拼音化的语言，你只要知道 32 个字母的发音，就可以轻松读出冰岛语单词。重音总落在单词首个音节上，而且没有哑音字母。

Aa Áá Bb Dd Ðð Ee Éé Ff Gg Hh Ii Íí Jj Kk Ll Mm Nn Oo Óó Pp Rr Ss Tt Uu Úú Vv Xx Yy Ýý Þþ Ææ Öö

你或许注意到了，冰岛文没有字母 C、Q、W 和 Z，所有常规元音 A、E、I、O、U，以及 Y（在冰岛文中 Y 为元音）后都有一个高度相似的元音字母，上面带了个看似表示声调的符号。实际上，这些符号不表示声调，而是组成了读音完全不同的字母。此外，还有 2 个额外的元音字母："Æ"和"Ö"。所以冰岛文共有 14 个元音和 18 个辅音字母。

于大多数非母语者而言，最难发音的冰岛文字母是"Ð"（"eth"）和"Þ"（"thorn"），以及大舌颤音"R"。古英语等很多其他语言曾有这 3 个字母，但现在，冰岛语和法罗语是唯一使用"Ð"的现代语言，而"Þ"只存在于冰岛语。

大写的"Ð"看起来像带横线的 D，人们有时会混淆小写"ð"与"ó"。实际上，"Ð"字母发音与英语单词"the"、"they"和"then"的"th"发音相同。

很多冰岛语单词都有字母"Þ"，最具代表性的单词就是 Þingvellir：冰岛古代议会遗址。这个字母不是 P，所以不要将 Þingvellir 读为"Pingvellir"。"Þ"的发音与英语单词"thing"和"think"的"th"类似。若你的键盘上没有字母"Þ"，可以用"th"替代，所以"Þingvellir"可以写成"Thingvellir"。

发音提示："Ð"用声带发音，而"Þ"只需在舌头和牙齿之间吹气。

拆分单词

冰岛语因其复杂的语法、奇怪的字母和拗口的发音而闻名。造一个正确的冰岛语句子，大脑得飞速运转。然而，万事开头难，只要你打好基础，就能发现冰岛语单词其实非常简单，许多复杂的单词多由各种单词组合而成。

2010年，埃亚菲亚特拉冰川火山爆发，产生的火山灰让欧洲和大西洋两岸的航班瘫痪，同时也让全球新闻播音员头痛，因为"Eyjafjallajökull"（埃亚菲亚特拉冰川）的冰岛语太难说了。怎么会有这么复杂的单词？其实它由3个单词组成："Eyja"为"岛屿"，"fjalla"为"山脉"，而"jökull"为"冰川"，"Eyjafjallajökull"的意思是"岛屿、山脉的冰川"。现在，整个单词是不是没那么难了？

类似的复合词，让冰岛语成为浅显易懂的语言。比如"Ljósmóðir"（光之母）指助产士，是最美的冰岛语单词之一，"hugmynd"（思维画像）指想法，"ljósmynd"（光的图像）指照片。

冰岛人擅长组词。迄今为止，冰岛语中最长单词为"Vaðlaheiðarvegavinnuverk-færageymsluskúrslyklakippuhringurinn"，意为"瓦兹拉黑泽道路工程工具棚的钥匙扣环"（瓦兹拉黑泽是冰岛北部的一条山路）。

如何假装会说冰岛语

冰岛语不易习得，但学会这个灵活的词，你会受益匪浅："jæja"（发音为呀咿－呀）。它可能相当于英语里的"well"或"so"（原来如此），但"jæja"的意思和用途远不止于此。

Jæja！——走吧！

Jæja？——你来了吗？

Jæja. ——我好无聊。

Jæja！——好了！

Jæja？——怎么了？

Jæja！——有道理！

Jæja？——真的吗？

Jæja？——有什么问题？

Jæja. ——这太让人失望了。

Jæja……——我没什么想说的，只是想打破沉默……

Jæja. ——我们会想办法的。

冰岛的
绿色能源

本地番茄、恒温泳池、铝制品、富含二氧化硅的化妆品、无积雪的车道和清洁的空气有什么共同点？共同点就是这些都源于丰富的可再生能源。

冰岛是名副其实的"冰与火之国"。冰岛的冰川覆盖了10%的国土面积，每隔几年，冰岛就有火山爆发。随着时间的推移，冰与火成为冰岛的"黄金"，冰岛人学会了利用这些能源。如今，冰岛可再生能源已经可以满足本地的电力和供暖等需求，这让冰岛成为世界上可再生能源领域的"领头羊"。冰岛只在交通运输领域，仍依赖化石燃料。冰岛计划在2040年实现"碳中和"目标，为此冰岛人努力实现无碳出行，并提高碳捕获和储存能力。2020年，全电动汽车数量占冰岛新注册登记汽车数量的25%，冰岛是目前世界上电动汽车占比第二高的国家（仅次于挪威）。如果插电式混合动力车和甲烷燃料车也算在内，该比例将达到58%。

一百多年前，冰岛就在可再生能源利用领域崭露头角。不到20年，冰岛的能源转型发展成效卓著。1904年，冰岛首座水电站投入使用，如今，水力发电占冰岛全国发电量的75%。夏季，冰川融水汇流至水库，经过河流再到发电站，产生清洁能源后，最终汇入海洋。冰岛人通过在夏季储水和控制水库的流量，可以储备好一年的能源，冰岛就像有一块巨大的电池。寒冷黑暗的冬季，人们需要更多能源。这时皑皑白雪覆盖冰川，来年夏天，这些雪融化后流入水库，如此周而复始。

其余25%电力来自地热能。数百年来，冰岛人一直利用地热温泉洗涤、烹饪、清洁和沐浴，拥有如此丰富的热源对一个名为"冰"岛的国家而言大有裨益。

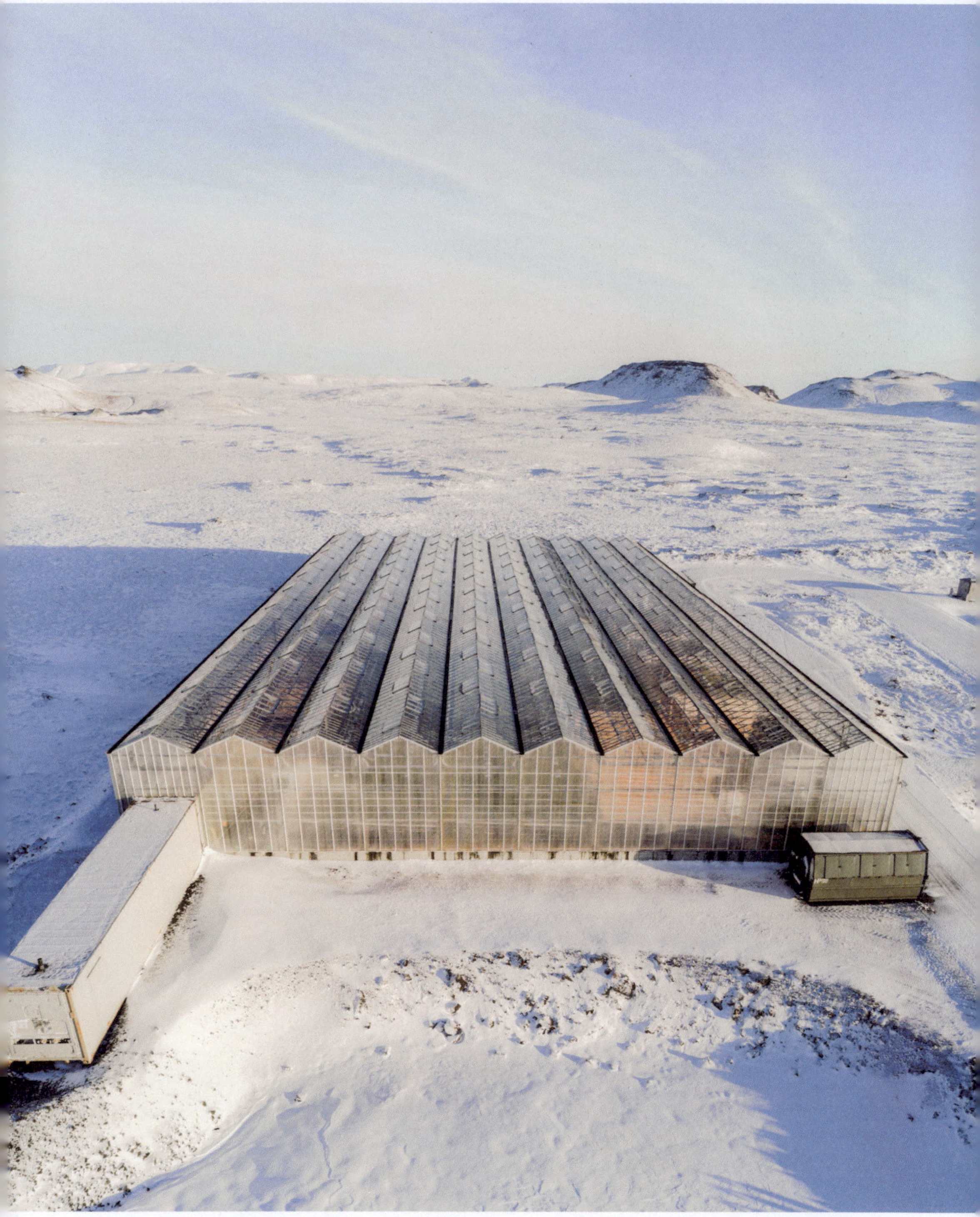

冰岛人的前世今生

1908年，一位冰岛农民首次使用自家附近温泉产生的蒸汽，用于室内供暖和烹饪。1930年，地热能源开始工业化。20世纪60年代末，冰岛第一座发电厂投入使用。

可再生能源给冰岛人带来诸多好处，不仅提高了冰岛人的生活质量，让人们有了温暖的房屋、加热的人行道和市政广场，同时还实现了经济多样化，并推进铝和硅铁生产等行业发展。可再生能源使冰岛在食品生产上自给自足，人们可全年在地热温室种植蔬菜，覆盆子、黑莓和草莓等水果可在特定时间内培育。

你可能想不到50年前，联合国开发计划署曾将冰岛列为发展中国家。由此可见，自然能源为冰岛带来了巨大的经济效益。

冰岛不遗余力地帮助其他国家利用可再生能源。1979年，冰岛与联合国教科文组织合办地热培训项目，项目开展以来，来自60多个国家的700多名地热专家接受了培训。冰岛利用专业知识，助力很多国家应对气候变化，例如冰岛公司参与了中国、智利、吉布提、埃塞俄比亚、格鲁吉亚、肯尼亚和尼加拉瓜等国家的可再生能源项目。为减少气候变化带来的影响，冰岛正在研发新技术，例如使用二氧化碳矿化技术将捕获的二氧化碳封存于岩石中，使其自然矿化并永久储存。冰岛计划从海外运输二氧化碳，永久储存在冰岛玄武岩地层中。

冰岛为应对全球气候变化做出了许多突出贡献。冰岛不仅改变了本国的能源体系，大幅减少本国的温室气体排放，还出口利用绿色能源生产的铝等能源密集型产品，从而减少全球二氧化碳的排放。同时，冰岛还帮助其他国家挖掘可再生能源的潜力，这为解决21世纪环境领域最有挑战的问题做出了不小的贡献。

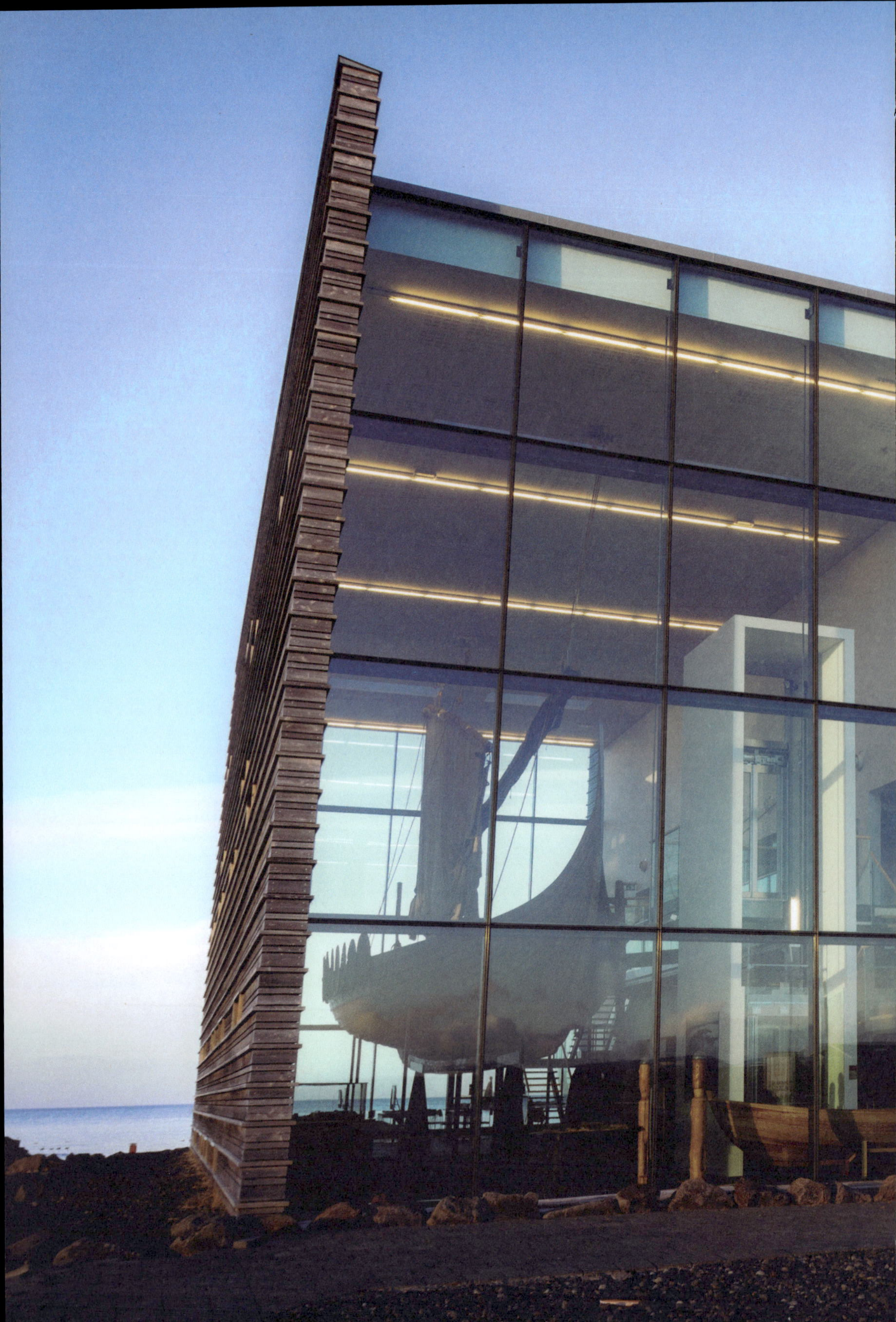

冰岛文化

无书
之人
犹如盲人

在许多国家，文化遗产的载体为古老的城堡、寺庙、教堂或其他伟大的纪念碑，而冰岛文化遗产的载体为书籍和古老的手稿。这些手稿记载了第一批定居者以及居住地等历史信息。《埃达》等文学作品是了解古代北欧神话的重要窗口。

冰岛最重要的文学贡献是《萨迦》，其于13至14世纪问世，记载了发生于9至11世纪期间的大事件。它总共记载约40个传世的萨迦，最著名的为《拉克斯达拉萨迦》《尼亚尔萨迦》和《埃吉尔萨迦》。书中记载的都是真人真事，描绘了一个充满爱恨情仇、兵荒马乱的世界。这些故事在冰岛代代相传，建立了冰岛人的文化认同感。

虽然冰岛人以前的生活穷困，但全国的文盲率很低。冰岛人视书籍如珍宝，但也有少数冰岛人会撕下古代手稿糊在墙上挡风，甚至用来做缝纫图案。"无书之人犹如盲人"和"赤脚胜于无书"等谚语体现了书籍在冰岛的地位之高。早期，一批外国游客在日记中写道：冰岛某些偏远山谷，贫穷的农民竟然可以用流利的拉丁语欢迎他们。

阅读和讲故事是冰岛人与生俱来的本领。最新研究表明，冰岛人平均每月阅读2.3本书，还有人说每10个冰岛人中就有一位作家。读书可以说得上是一项全民活动。冰岛最受欢迎的电视节目《基尔詹》就和文学相关，节目会采访作家，分享书评，以及深入挖掘冰岛文学遗产。2011年，雷克雅未克还被联合国教科文组织评选为"文学之都"。

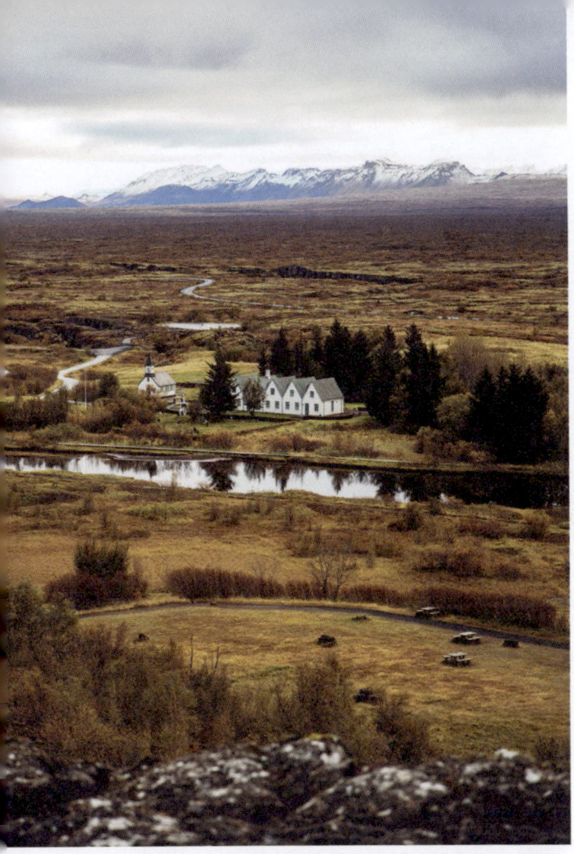

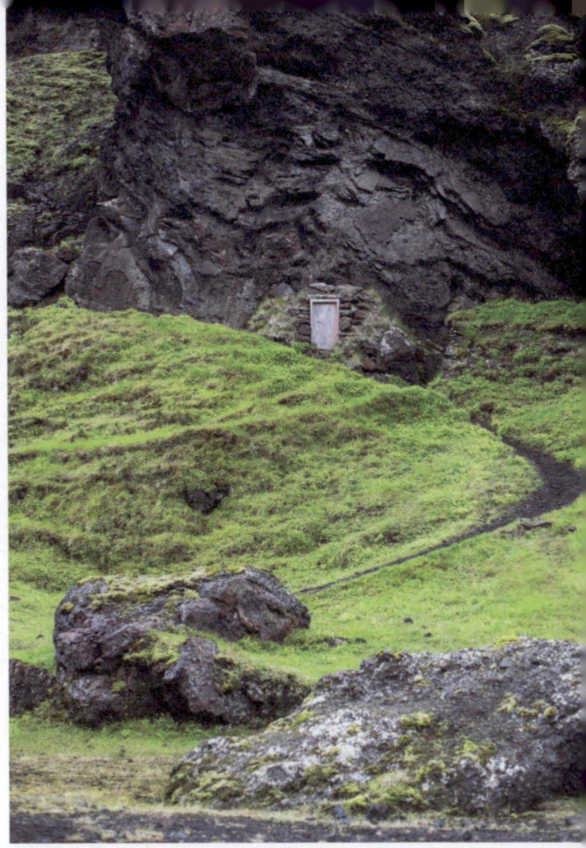

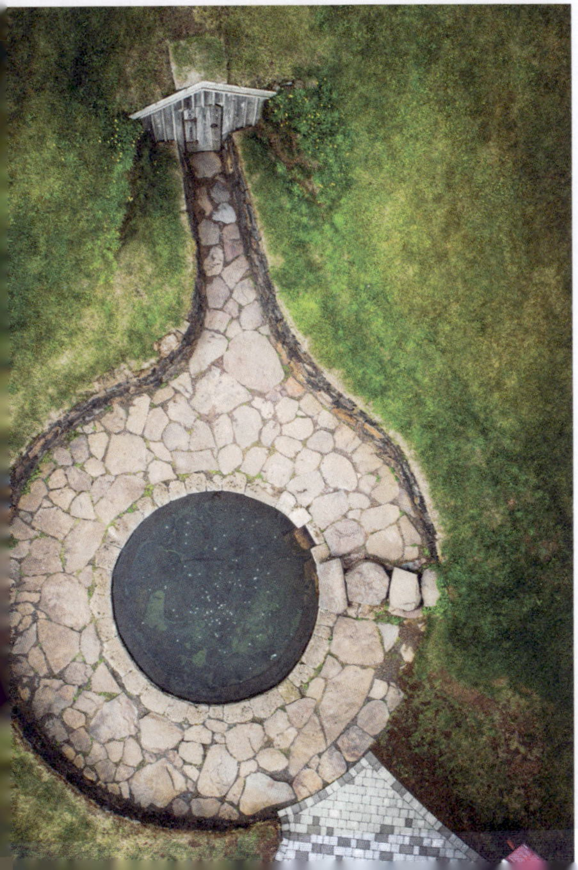

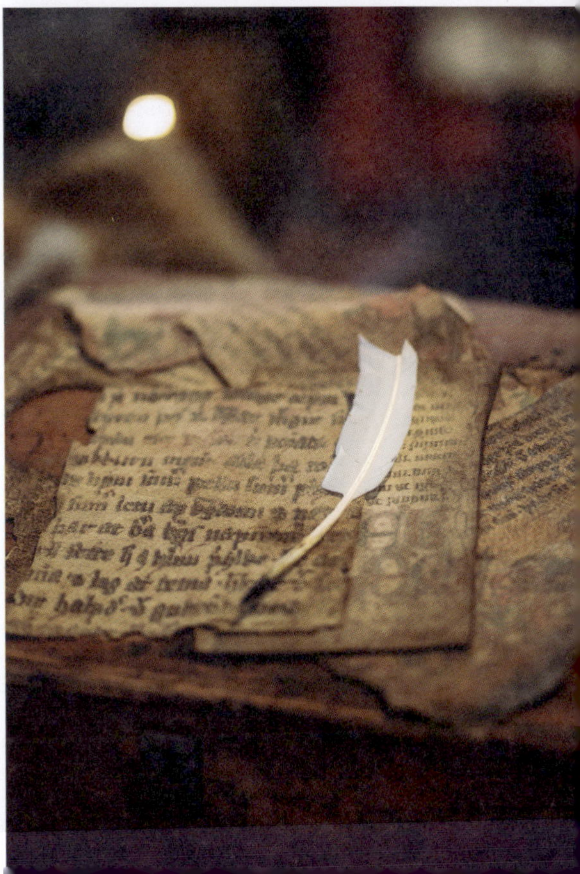

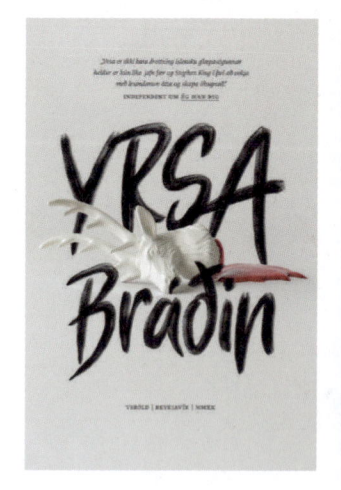

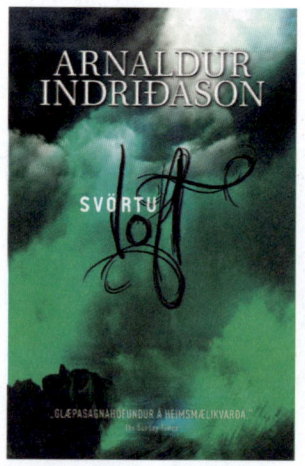

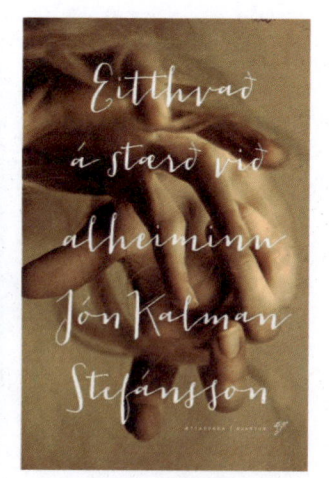

一直以来，冰岛的诗歌发展欣欣向荣。但迫于生计，好几百年来，冰岛人都无暇创作叙事文学作品。1955年，冰岛作家哈尔多尔·拉克斯内斯荣获诺贝尔文学奖，他成为国家英雄，增强了冰岛人对本国文学作品的信心。

哈尔多尔一生写了很多本书。从《独立的人们》等作品中，能看出他深谙冰岛人的特点。

尽管冰岛是世界上最安全的国家之一，但冰岛的犯罪小说在国际上很受欢迎。如果你想一睹为快，那么推荐阿诺德·英德里达松、伊莎·西格多蒂尔和拉格纳·约纳松的作品。名扬四海的冰岛当代小说家还有约恩·卡尔曼·斯特凡松、奥杜·阿娃·奥拉夫斯多蒂尔、戈尔德·克莉丝特努、哈尔格里莫·黑尔加森、西格丽德·哈加林·比尤恩斯多蒂尔（Sigríður Hagalín Björnsdóttir）、安德里·塞恩·马纳松和西格勇·比尔基·西格松。

冰岛文化

圣诞书潮

　　冰岛人的圣诞节不能没有书，就像中国人的中秋节不能没有月饼一样。平安夜那天所有冰岛人都会收到一本新书作为圣诞礼物。那个夜晚也成为"读书之夜"。

　　鉴于圣诞节冰岛人互赠书籍的传统，多数新书都在秋季陆续上市，正好赶上冰岛人选圣诞礼物的高峰期。新书一经出版，书评铺天盖地，媒体记者争相采访作者。畅销书单公布后，书店内人潮涌动，书迷纷至沓来，一睹为快。这一年一度的狂热甚至有自己的名字，叫作"圣诞书潮"。

　　每年圣诞节前，冰岛都会出版《新书书单》，该书单按类别列出所有新书。家家户户都会收到该书单，冰岛人会在书单上一一标记想看的书籍和打算圣诞节送给亲朋好友的书籍。

冰岛文化

俗语

与农业有关的俗语

"一切都在用后腿走路"：指事情不顺利。

例句：开展新项目以来，"一切都在用后腿走路"，毫无进展！

"跑到干草包下面"：表示"搭把手、帮个忙"。该俗语源于旧时代。以前，冰岛人用马驮干草包，偶尔得跑到干草包下面搭把手，以防止其掉落。

例句：我要加班，得看看父母是否能"跑到干草包下面"，接上完足球课的孩子们回家。

"继续搅拌奶油"：表示"继续"。该俗语指搅拌牛奶制作黄油的过程。

与渔业有关的俗语

"把桨放进船里"：表示"放弃"。

例句：他曾尝试学习弹钢琴，但最终他"把桨放进船里"了。

"像陆地上的鳕鱼一样"：指格格不入或不适应。

"就像桶里的鲱鱼"：指人山人海、摩肩接踵。

例句：那场音乐会上，人们"就像桶里的鲱鱼"坐在一起。

"屁股上插着鱼钩回家"：指在某件事上失败了，比如出门钓鱼却一无所获。

与精灵和巨魔有关的俗语

"像山外的精灵一样"：指格格不入或水土不服。

"被巨魔带走"：指永远消失了。

例句：昨天我把外套带到学校，但它"被巨魔带走"了。我哪儿也找不到它。

与天气有关的俗语

"你永远不知道鬼天气从何方来"：指让人大吃一惊。

"天气变化很快"：指情况瞬息万变。

例句：这支球队占上风，但"天气变化很快"。最后1分钟，对方球队进球，最终比赛以平局收场。

冰岛文化

其他俗语

"别所有事情都找外婆"：指要有勇气，能吃苦。

例句：你已经长大了，"别所有事情都找外婆"！

"好东西被狗吃了"：指美好的东西被浪费在了不值得的人身上。

"躺在毛皮下面"：指为了做出决定而对某件事进行长期而艰难的思考。

"来自山区"：指不了解某事。处于深山很难了解外面正在发生的一切。

例句：当被问及对公司丑闻的看法时，首席执行官说他"来自山区"。

"咬住盾牌的边缘"：指寻找更多的力量。

例句：经济困难确实存在，但人民必须"咬住盾牌的边缘"以克服困难。

英语语境无对应词汇的
冰岛语单词

Alnafni/alnafnar: 同名同姓的两个人。

Duglegur: 高效勤奋,特别是在工作、学校或家庭环境中,在冰岛这是一项伟大的美德。

Frekja: 专横、要求严格的人。

Fundvís: 一个人能轻而易举地找回失物。

Gluggaveður: 只有从室内透过窗户看才觉得不错的天气。

Hallærislegt: 某件事太差劲了。

Íslandsvinur: 去过冰岛的名人。

Kjötsvimi: 吃太多肉导致的头晕。

Landkynning: 促进国家的发展。

Nenna: 懒得做某事。

Páskahret: 复活节暴风雪。当你认为冬天已经过去时,寒冷的天气又回来了,这种情况经常发生于复活节期间。

Ratljóst: 当阳光刚好够你找到路时。

冰岛文化

Rúntur: 驾车绕城行驶（通常指绕着主广场转一圈）。

Rúsínurassgat: 直译为"葡萄干的屁股"，这个词一般用于描述可爱的孩子。

Skárra: 稍微好一点，但仍然不好。

Skreppa: 短暂外出，通常是为了办事（冰岛人经常轻描淡写，一出门可能就是几天）。

Sólarhringur: 字面意思是绕太阳一圈，指 24 小时。

Svikalogn: 暴风雨来临之前的平静。

Trúnó: 当你向一个人敞开心扉倾诉心声时（通常在饮酒后）。

Unglingaveiki: 一般指青少年表现出来的忧郁行为。

Vesen: 某事比应有的情况更复杂。

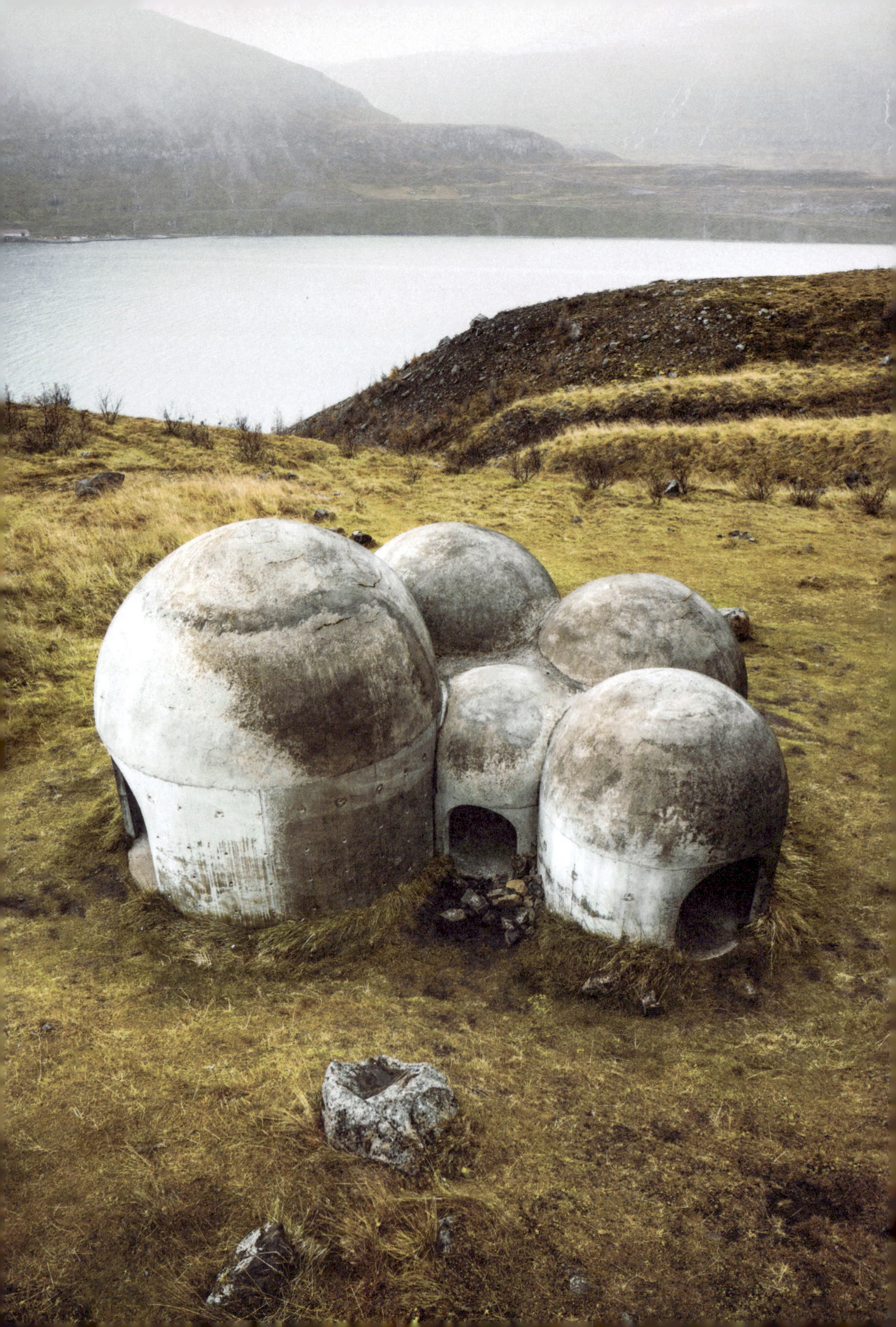

冰岛
音乐

过去几天，你可能都没意识到自己听了些冰岛音乐。尽管人口不多，冰岛却有着不同凡响的作曲家、独唱艺术家和乐队，这让冰岛音乐享誉世界。

你肯定听说过比约克，她是世界上名气最大的冰岛人（或许也是有史以来最有名的），卡莱奥、胜利玫瑰和兽人乐队等乐队，以及作曲家奥拉福尔·阿纳尔德斯、约翰·约翰松、丹尼尔·比亚纳松和奥斯卡最佳原创配乐奖得主希尔迪·居兹纳多蒂尔等冰岛人也名扬海外。

数百年来，冰岛与世隔绝，音乐发展进程相对缓慢，以前冰岛音乐以中世纪风格的史诗和圣歌吟唱为主。19 世纪末，冰岛几乎没有四部和声和器乐音乐。

现代音乐和乐器传入冰岛时，冰岛人接纳度很高。20 世纪下半叶，冰岛古典音乐发展一片欣欣向荣（冰岛拥有世界一流的交响乐团和歌剧院），冰岛的流行音乐家也风靡全球。

过去几十年，冰岛的优秀音乐作品呈井喷式发展，这与国家对音乐教育的高度重视息息相关。冰岛人从小就能去音乐学校上课，培养音乐天赋（有政府补贴）。除了首都雷克雅未克，其他小地方的音乐学校也办得风生水起。不少冰岛音乐界的明星都是小镇和农村出身。

在雷克雅未克，多数音乐家需加入多支乐队才能维持生计。这为音乐家交流思想，碰撞火花和融合音乐创作元素创造了契机，也为艺术家创作闻名遐迩的特色音乐夯实基础。20 世纪 80 年代和 90 年代，方糖乐队带着冰岛音乐进入全球视野。因音乐资源匮乏，青年音乐家萌生了"自己动手，丰衣足食"的想法，他们坚信"一切都会好的"（参见第 48 页）。这种自力更生、不设限的态度为冰岛乐坛盛况空前的发展奠定了基础。

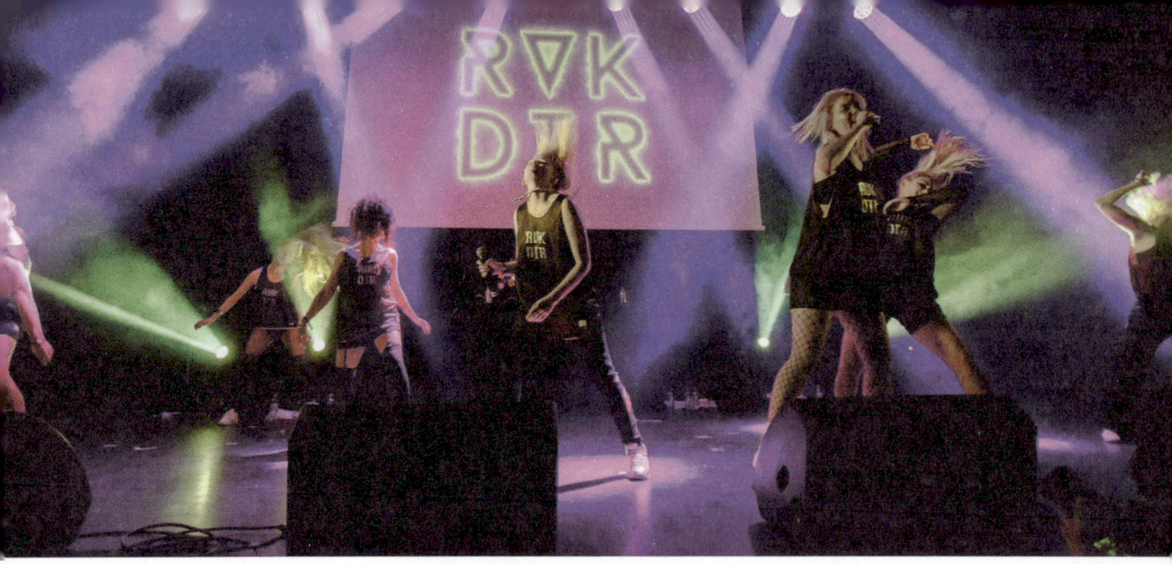
RVK
DTR

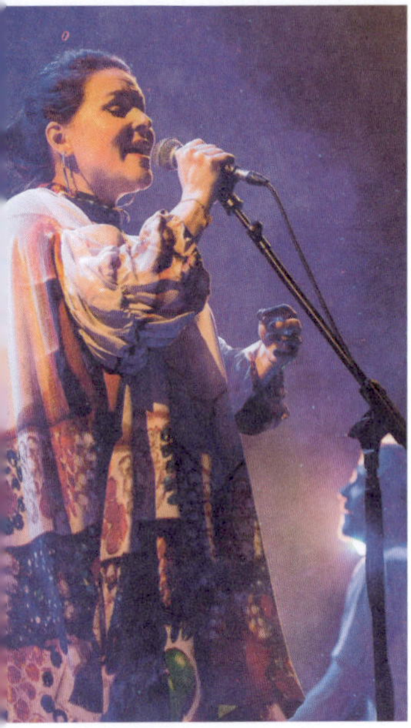

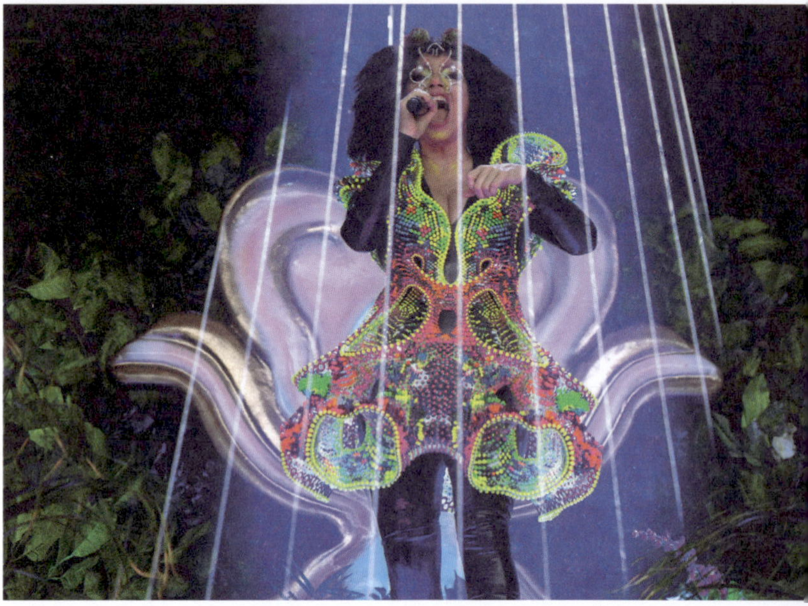

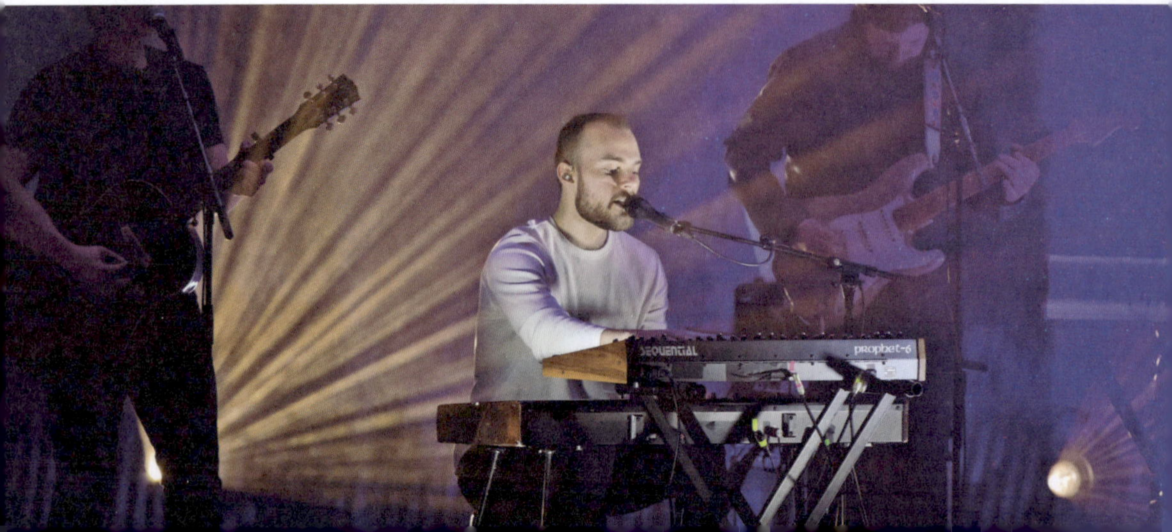
SEQUENTIAL
prophet-6

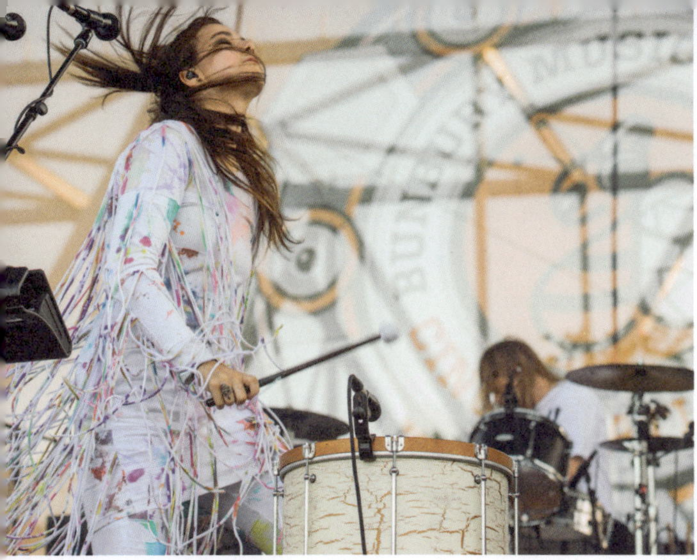

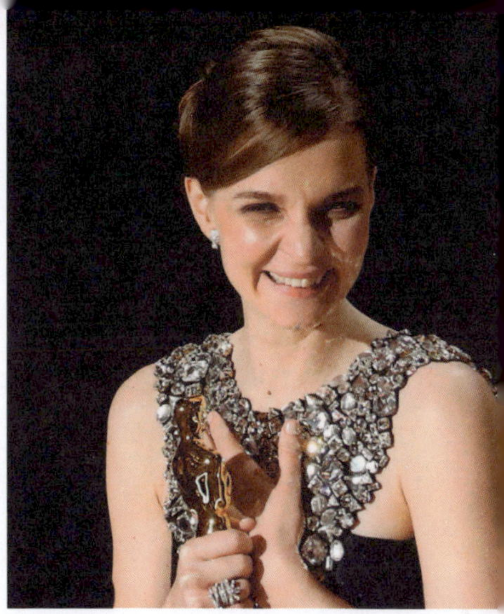

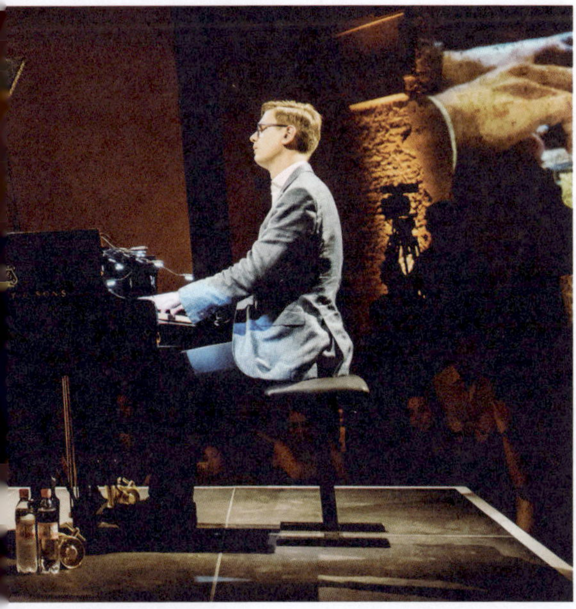

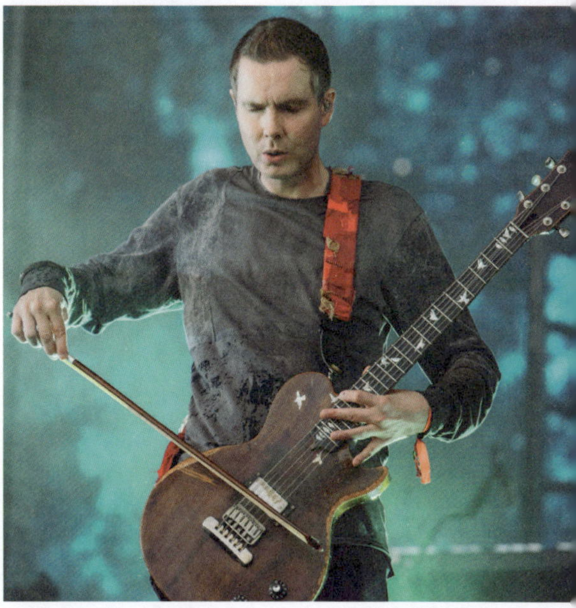

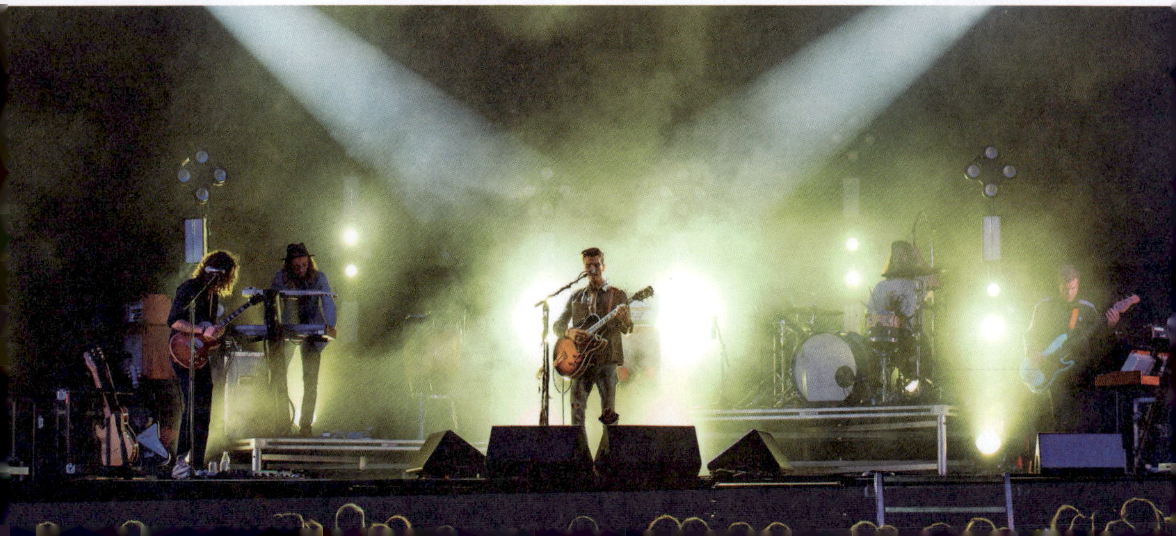

一定要了解的冰岛音乐艺术家（包括乐队）

比约克 (Björk)： 她以独特的音乐、嗓音和形象而举世闻名。毫无疑问，她为冰岛音乐界的后起之秀铺就了康庄大路。比约克年少成名，最初是童星，十来岁时接触朋克音乐，后组建方糖乐队。她因方糖乐队发布的英语单曲《生日》而声名大噪。1993 年，比约克推出首张个人专辑《初次登场》，而后发布 9 张专辑，荣获 5 项全英音乐奖和 4 项音乐录影带大奖等诸多奖项。她还曾被提名奥斯卡奖和 15 项格莱美奖（迄今为止被提名最多但未获奖的女性音乐人）。

卡莱奥 (Kaleo)： 这是一群旧时好友组成的摇滚乐队，他们来自雷克雅未克旁的莫斯费德斯拜尔，因在冰岛大自然现场演奏而出名。其单曲《踏上征途》火遍全美，曾位居美国音乐杂志《公告牌》的音乐排行榜榜首，成为美国炙手可热的外国乐队。另一单曲《一无是处》曾获格莱美奖最佳摇滚表演奖的提名。

胜利玫瑰 (Sigur Rós)： 这支成立于 20 世纪 90 年代的艺术摇滚乐队可能是冰岛有史以来最著名的乐队。他们的音乐风格十分独特，部分歌曲甚至没有歌词，只用声音和情感来传情达意。

兽人乐队 (Of Monsters and Men)： 2010 年，这支独立民谣摇滚乐队首次亮相，在雷克雅未克的摇滚乐队比赛中一举夺冠。1 年后，他们首张专辑《我的野兽脑袋》中的歌曲《闲聊》位居全球热门歌曲榜单前十。第 2 张专辑《皮肤之下》在加拿大和美国音乐排行榜上分别排名第一和第三。

奥斯戈尔 (Ásgeir)： 他成长于雷克雅未克和阿克雷里之间的小村庄劳加尔巴基。2012 年，他发行的电子民谣专辑《沉默中的荣耀》，成为冰岛有史以来最畅销的专辑。2014 年，该专辑的英文版本发行，好评如潮。之后他推出更多优秀作品，在世界各地拥有了大批忠实粉丝。

冰岛文化

埃米利亚娜·托里尼： (Emilíana Torrini)	动人的情歌和欢快的音乐让她在世界各地都有忠实的粉丝。她的经典曲目有 2009 年的热门歌曲《丛林鼓声》，还有电影《指环王：双塔奇兵》中的《咕噜姆之歌》。
布莉特： (Bríet)	2020 年，她凭借首张专辑《来自布莉特的问候》和年度歌曲《慢慢来，牛仔》火遍冰岛。
奥多尔： (Auður)	2016 年，奥多尔荣获冰岛音乐奖的年度新人奖。他因擅长融入节奏蓝调元素创作电子音乐，而在冰岛走红。
雷克雅未克之女： (Reykjavíkurdætur)	冰岛首个女子嘻哈乐队，乐队成员最多时有 19 人。该乐队以冰岛语说唱为主，通过说唱分享她们作为女性在冰岛的生活体验，尤其是针对两性平等、身体羞辱、官僚主义和为母之道等话题。
奥拉佛·阿纳尔德斯： (Ólafur Arnalds)	他是一位难以被分类的音乐家。他的音乐风格涵盖了从实验音乐到电影配乐的各种领域，他还是一名多乐器演奏家和制作人。要想了解他的音乐风格，可以听听他在 2018 年推出的专辑《回忆》。
希尔迪·居兹纳多蒂尔： (Hildur Guðnadóttir)	这位作曲家因电影和电视配乐而名声大噪。2019 年到 2020 年，她凭借为迷你剧《切尔诺贝利》和电影《小丑》创作的配乐，连获艾美奖、格莱美奖、奥斯卡奖、金球奖和英国电影学院奖等多项重磅奖项。
维京格尔·奥拉夫松： (Víkingur Ólafsson)	超级巨星钢琴家，曾与众多世界著名交响乐团合作。2019 年，他凭借巴赫钢琴改编曲录音荣获英国广播公司音乐杂志年度专辑奖。

冰岛艺术

冰岛国家博物馆中最古老的文物之一，是一扇距今 800 余年的木制教堂门。然而，100 年前冰岛艺术家的信息少之又少。约翰尼斯·卡瓦尔是冰岛最著名的大师之一，他的作品以诠释自然为主，尤其是那些描绘布满苔藓熔岩地的画作，使他成为冰岛最受喜爱的艺术家之一。位于雷克雅未克的"卡瓦尔之家"艺术博物馆，常年举办他的作品展览，此外还展出其他现代艺术家的作品。20 世纪，冰岛重要的艺术家有奥斯格利姆尔·约恩松（Ásgrímur Jónsson）、妮娜·特里格瓦多蒂尔（Nína Tryggvadóttir）、路易莎·马蒂亚斯多蒂尔（Louisa Matthíasdóttir）、贡劳古尔·谢文（Gunnlaugur Scheving）、格尔杜·赫尔加多蒂尔（Gerður Helgadóttir），以及雕塑家奥斯蒙杜尔·斯韦恩松（Ásmundur Sveinsson）和埃纳尔·约恩森（Einar Jónsson），这些艺术家大多开设了陈列自己作品的私人博物馆。

冰岛当代艺术正蓬勃发展，画廊和艺术展厅比比皆是。来冰岛的话，不容错过雷克雅未克艺术博物馆，尤其是"阿斯蒙杜尔之家"艺术展馆，参观结束后还可以

冰岛文化

于馆内咖啡馆小憩。此外，i8 画廊和福尔德画廊（Gallerí Fold）也值得一去，那里经常举办大师艺术品拍卖会。

艾洛：20 世纪六七十年代，冰岛首位以波普艺术风格闻名海外的冰岛画家。

奥拉维尔·埃利亚松：著名大型装置艺术家，也是雷克雅未克哈帕音乐厅外立面的设计师。他擅长利用光、水和温度等自然元素提升观众体验感。

拉格纳·基亚尔坦松：著名行为艺术家，擅长利用视频装置、现场表演和绘画作品进行艺术创作。其绘画作品常融合电影、音乐、视觉文化和文学历史等元素。

赫拉芬希尔杜尔·阿纳多蒂尔：艺名"妙手空空"，擅长利用雕塑、壁画、真发假发的装置进行艺术创作。2019 年，她代表冰岛参加威尼斯双年展，展示匠心独具的巨型毛发装置《彩色人类》。

表演艺术、
电影
和电视节目

　　冰岛人热爱戏剧和现场演出。尽管雷克雅未克人口不多，却有两家专业剧院：冰岛国家剧院和雷克雅未克城市剧院。剧院每年上演 30 部左右的原创和改编自海外的剧目。此外，冰岛的独立剧院也非常活跃。洛塔剧团是冰岛的儿童剧团，擅长用全新方式演绎传统童话故事，每年夏季他们会在冰岛户外巡回演出。哈帕音乐厅全年举办各种音乐会和活动，是冰岛国家交响乐团、冰岛歌剧院和冰岛舞蹈团的根据地。

除了戏剧和现场演出，电影在冰岛也很受欢迎。雷克雅未克的"天堂电影院"（Bíó Paradís）是冰岛唯一一家艺术电影院，电影类型繁多，任君选择。此外，电影院还举办"雷克雅未克国际电影节"等众多电影节。

2019 年，冰岛上映了 10 部冰岛特色电影以及 6 部纪录片。值得一提的是，弗里德里克·索尔·弗里德里克松的《自然之子》，曾于 1992 年被提名为奥斯卡最佳国际故事片奖。

过去 20 年里，冰岛成为海外影视作品的热门取景地，这也为冰岛人提供了更多影视行业的就业机会。在冰岛拍摄的电影包括 007 系列的《雷霆杀机》和《择日而亡》，《古墓丽影》《白日梦想家》《遗落战境》《诺亚方舟》《星际穿越》《变形金刚 4：绝迹重生》《星球大战：原力觉醒》，以及电视剧《权力的游戏》。

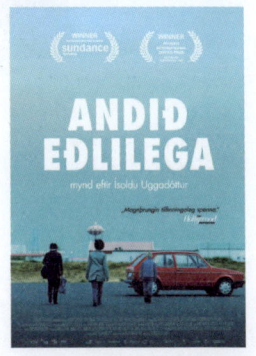

冰岛人的穿衣风格

　　冰岛人的个性主义和创造力反映在穿衣风格上。特别是在雷克雅未克的街头，时尚弄潮儿是一道亮丽的风景线，他们经常搭配古着和环保单品，以追随最新的时尚潮流。冰岛设计师结合冰岛的大自然和文化将可持续发展理念融入产品中。以下是一些值得关注的服装品牌。

　　Aftur：成立于1999年的冰岛潮牌。该品牌回收和改良二手纺织品，手工缝制特色单品。

　　AndreA：主售时尚女装和华丽服饰。

　　As We Grow："慢时尚"奢侈品牌，借鉴冰岛人居家手工制衣时代的元素，生产销售高质量、环保的服装。

　　Aurum：冰岛珠宝品牌的佼佼者，它从自然中汲取灵感，只使用再循环和再精炼的贵金属。Aurum所有产品都在雷克雅未克手工制作而成。

　　Farmers Market：该品牌借鉴冰岛传统服饰元素，利用冰岛羊毛设计出多功能服饰。

冰岛文化

Hildur Hafstein：手工珠宝品牌，旨在滋养身体和灵魂。

Hildur Yeoman：该品牌服饰主打艳丽和奢华的风格，热销单品为连衣裙。

Hlín Reykdal：冰岛人气最高的设计师手工制作而成的彩色珠宝和配饰品牌。毫不夸张地说，冰岛女性人手一件 Hlín 的单品。

Kormákur og Skjöldur：高品质的复古风格粗花呢男装品牌。

Kron：在其他国家可能是小众品牌，但在冰岛，各年龄段的女性都拥有一双 Kron 的鞋。

Orrifinn Jewels：男女都可佩戴的珠宝，灵感来自大自然和生活用品。

Reykjavík Raincoats：彩虹色的冲锋衣品牌。

Swimslow：利用环保面料制成的泳装品牌。系列泳衣以冰岛游泳池命名。

66°North：冰岛家喻户晓的国民户外品牌。

冰岛
设计

　　过去 10 年，冰岛室内设计蓬勃发展，主要因为来冰岛的游客想买特色纪念品带回家，以及冰岛人对本土设计越来越感兴趣。冰岛设计师往往从大自然、民间传说和历史中汲取灵感，将其与国际化的视角和本地材料（如羊毛、骨头、石头甚至鱼皮）结合，设计出具有冰岛特色的产品。

　　若对冰岛设计品感兴趣，推荐你去雷克雅未克市中心的 Epal，Hrím 和 Kokka 设计品店逛逛。Kirsuberjatréð（樱桃树）也位于雷克雅未克，由 10 位女性艺术家共同经营，她们销售服装、珠宝、篮子和杯子等饰品和手工艺品。Skúmaskot 是另一家由艺术家经营的合作商店，Kaolin 专卖陶瓷艺术品。此外，还可以关注以下设计品牌。

Anna Thorunn：设计家具、花瓶、碗等家居用品。

FÓLK Reykjavík：设计智能家居用品、家具和生活方式产品，注重产品的可持续性设计、社会环保责任和生产过程的透明度。

Fuzzy：标志性的设计品为冰岛羊毛凳。1972年，它首次生产，近几十年来又流行起来。

IHANNA HOME：具有功能性和趣味性的家居饰品。

Katrín Ólína：与迈克尔·杨（Michael Young）合作设计的 Katrín 落地衣帽架已成为北欧许多家庭的必备家具之一。她的设计产品包括纺织品、家具、珠宝和平面艺术品。

Lulla Doll by RoRo：设计安抚婴儿的玩偶，该玩偶可模拟人类的呼吸和心跳声，代替父母安抚婴儿，让孩子安稳入睡。

Reykjavík Letterpress：设计和手工制作的精美卡片和文具。

Scintilla：色彩丰富的家居纺织品系列，如床上用品、毛巾、枕头和毯子。

Tulipop：受大自然启发而诞生的奇幻卡通人物系列。该系列包括服装和配饰、玩具、文具、书籍、灯具、镜子等家居用品。

Vorhús：设计和生产家居产品，设计团队位于北部城市阿克雷里。

文化节

冰岛每年会举办很多艺术节，届时，众多闻名于世的艺术家将云集于此，共享艺术盛宴。以下是一些值得关注的活动。

黑暗音乐节：每年在雷克雅未克举行1次，通常在冬季最黑暗的时候，即1月底或2月初举行。该音乐节聚焦于新的冰岛音乐作曲和表演，同时也会邀请国际艺术家参加。

设计节：展现冰岛本地设计师作品的设计节。

儿童文化与艺术节：位于雷克雅未克，通常在4月举行，持续6天。

"从未南下"音乐节：复活节期间，在西部峡湾伊萨菲厄泽举行的摇滚音乐节。

雷克雅未克艺术节：两年举办一次，通常在夏季举行。

冰岛纪录片节：通常于五旬节周末，在西部峡湾的帕特雷克斯菲厄泽举行。

冰岛秘密夏至音乐节：位于雷克雅未克，通常在夏至时举行，除了冰岛本土乐队，越来越多的国际知名艺术家也参与其中。

民间音乐节：位于锡格吕菲厄泽（冰岛主陆最北的城镇），通常在7月初举行。

飞行睾丸音乐节：在东部峡湾的内斯克伊斯塔泽举行的重金属音乐节，通常在7月举行。

冰岛东部青年艺术节（LungA）：面向年轻人的国际艺术节，7月在塞济斯菲厄泽举行。

熔化音乐节（Bræðslan）：在东博尔加峡湾举行的音乐节，一般在7月举行。

雷克雅未克舞蹈节：为舞者和编舞师提供展示平台的国际舞蹈节，一般在8月举行。

雷克雅未克爵士音乐节：冰岛本土和国际音乐家表演的音乐节，通常在8月底和9月初举行。

雷克雅未克国际文学节：两年一度的文学节活动上，蜚声国际的外国作家、冰岛作家和后起之秀都将云集于此，一般在4月或9月举行。

雷克雅未克国际电影节：每年举行1次，展播来自40多个国家的约100部剧情片和纪录片。电影节通常在10月举行，着重介绍来自世界各地的独立电影作品，重点关注新兴和新晋人才。该电影节的主要奖项是"金海雀奖"。

冰岛电波音乐节：于11月在雷克雅未克举行，汇集了冰岛新生代音乐人才以及世界各地的音乐家。

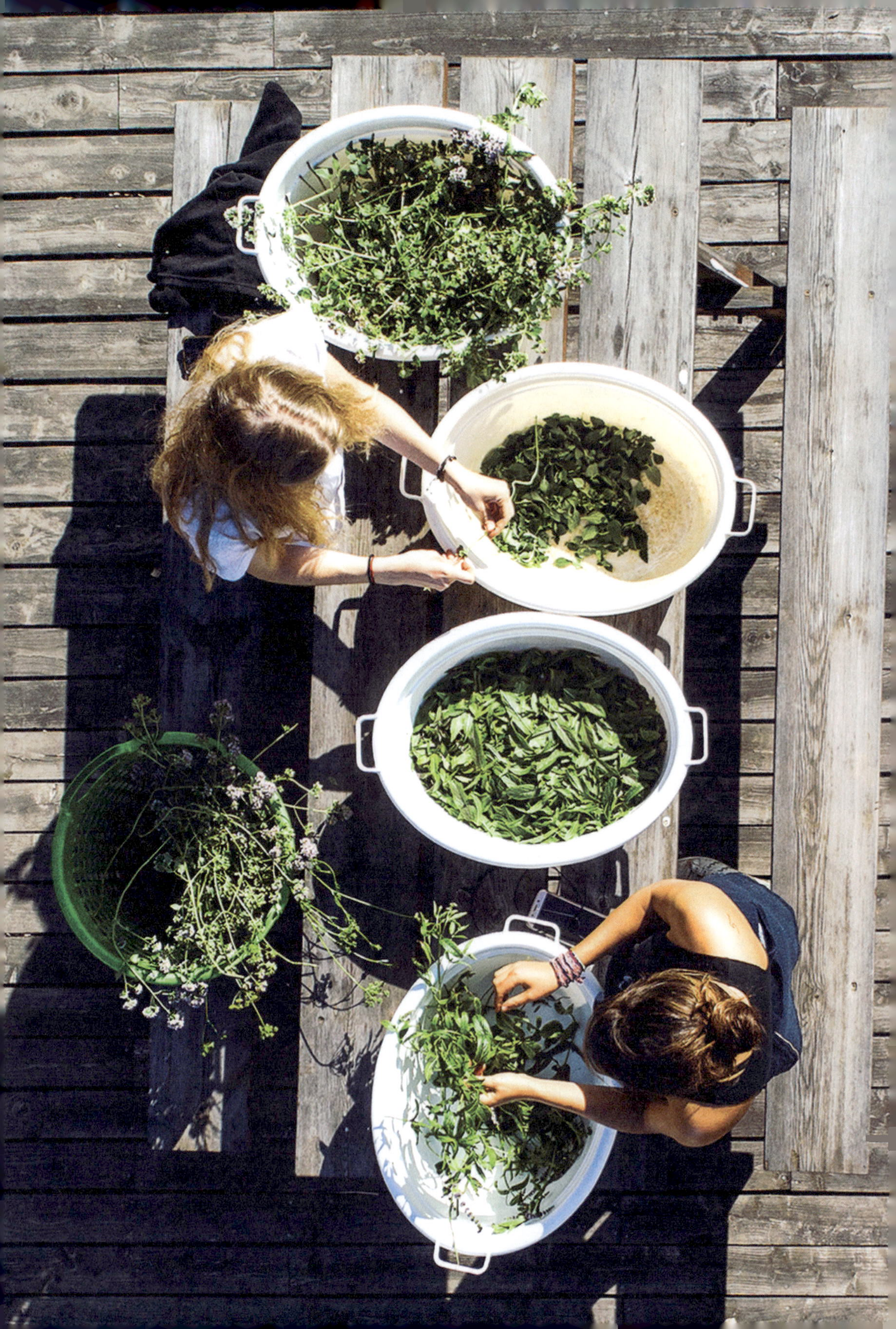

寻味冰岛

冰岛的鱼

　　走进冰岛任何一家餐馆，你都能在菜单上看到一道名为"当天鲜鱼"的菜。无论这家餐馆看上去多么平平无奇，它都能为你提供一份美味且新鲜的鱼。

　　冰岛人在鱼类和海鲜消费方面位居世界之首，多数冰岛人每周至少吃 2 次鱼，最受欢迎的鱼类为鳕鱼、黑线鳕、比目鱼。冰岛人长寿往往受益于摄取了鱼类富含的 ω-3 脂肪酸、维生素和矿物质。作为一个岛国，没有什么比捕鱼更重要的了。出口鱼类助力冰岛从 19 世纪初期欧洲最贫穷的国家之一，发展成如今的发达国家。为了纪念捕鱼传统，冰岛硬币刻有鱼类的图案。

　　虽然冰岛没有军队，但冰岛曾经利用海岸警卫队的舰艇来对抗远比自己强大的国家，以保护自己的渔业水域。

　　20 世纪，冰岛引进冷藏技术和工业捕鱼技术后，鲜鱼才成为冰岛人的家常菜。在那之前，鱼类必须以干燥或发酵的方式保存和食用。

值得品尝的特色美食

鱼干：经过晾干、腌制而成，通常作为小吃佐黄油一起食用。在物资匮乏时期，它可以代替面包。冰岛人日常饮食中的传统食物为数不多，鱼干就是其中一种，你可以在冰岛任何一家超市找到它。

炖鱼：这道菜由白鱼（通常是鳕鱼）、土豆、洋葱、面粉、牛奶和调味料混合制成。近年来，冰岛人还会加入韭菜、咖喱粉、伯那西酱或奶酪等，以增添风味。

龙虾：冰岛人一般在南部海域捕捞龙虾，冰岛龙虾因肉质鲜嫩而闻名。来冰岛，可以尝尝烤龙虾、炸龙虾甚至龙虾比萨。

鱼油：经常服用鱼油可能是冰岛人数百年来没有灭绝的原因。鱼油曾被用于照明，因此鱼油的冰岛语来自照明一词。研究表明，半数以上的冰岛人每天都服用鱼油。

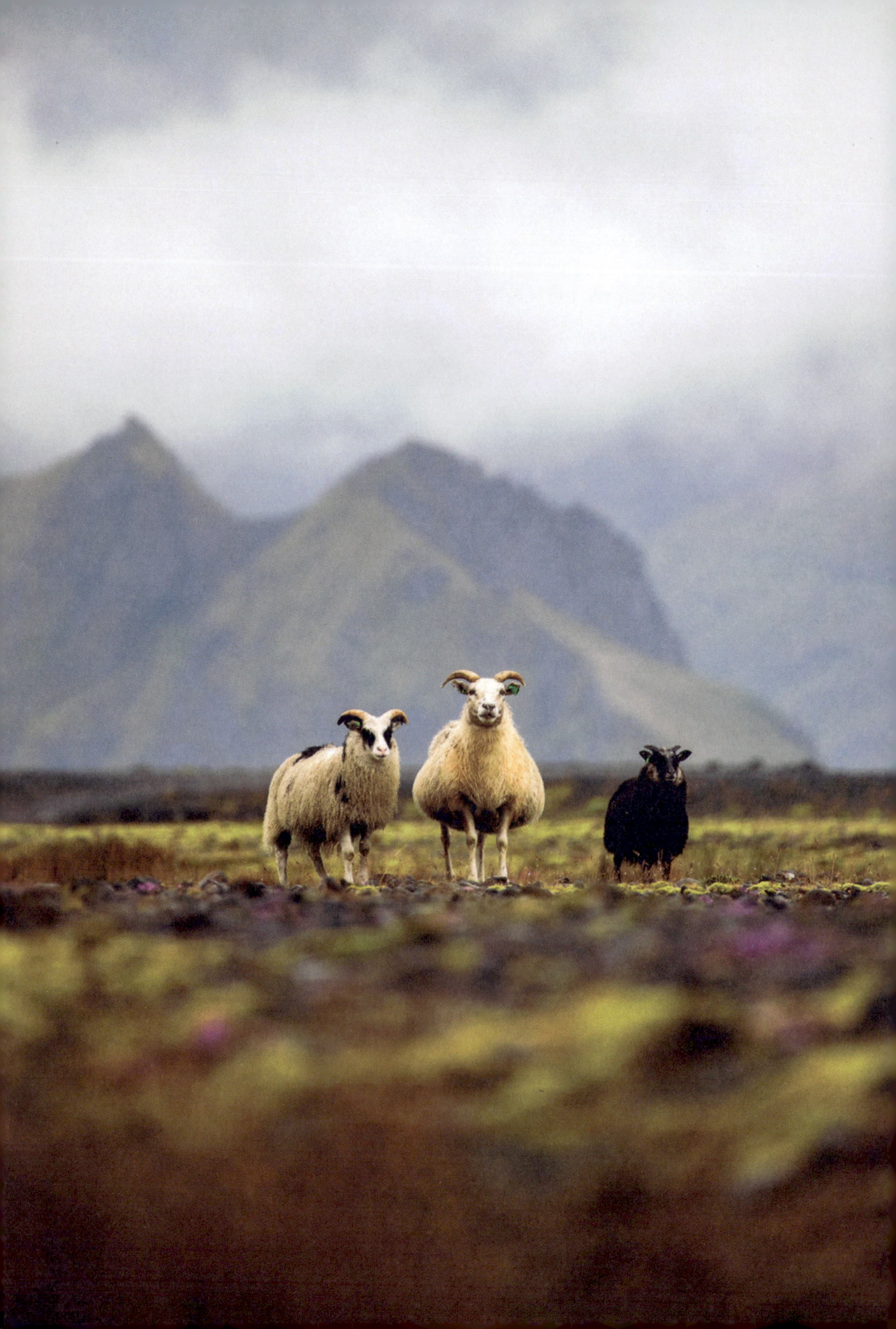

冰岛
羊肉

冰岛的羊群自定居冰岛以来,就独当一面为这个国家注入新鲜血液。即便最近几年羊的数量骤减,但羊的数量还是比冰岛人多。羊群对冰岛居民的生存至关重要,所以它们在冰岛人心中有着特殊地位。许多人认为,冰岛羊是世界上最聪明、最好看和最美味的品种。

每年春天,冰岛人会放养羊群,它们自由地在荒野中漫游,吃着纯天然无污染的鲜草、苔藓、浆果和北极草本植物,度过一个愉快的夏天,然后在秋天被农民赶回家。这样你就能吃到质地鲜嫩、味道独特且颇具野味的羊肉。

冰岛人家里和外面餐厅有各种美味的新鲜羊肉制品,但也常能见到烟熏羊肉,这种独特的羊肉制备方式被称为"晾肉",是将羊肉悬挂在烟熏棚的横梁上烟熏的古老传统。人们通常会使用桦木烟熏羊肉,有时还会混合干羊粪,以增添风味。冰岛人的圣诞节餐桌上常有烟熏羊肉,人们将烟熏羊肉切片后煮熟,佐以土豆奶油酱、青豆、紫甘蓝和油炸印花面饼(参见第 198 页),热食和冷食皆可。此外,冰岛学校给孩子准备的三明治也有烟熏羊肉。

"我能请你吃发酵的公羊睾丸吗？"

你来冰岛旅游时，导游大概率会请你尝尝发酵的公羊睾丸、发酵鲨鱼肉和烤羊头。现在的冰岛人不常吃这些食物，但你不妨尝尝，它们听起来像黑暗料理，但味道还是不错的。若条件允许，最好配杯烈酒（参见第 114 页）。

冰箱问世前，冰岛人在冬季几乎吃不上新鲜肉类。为了生存，冰岛人不得不想方设法保存食物。数千年来，全世界的人们都会腌制食物，以延长食物保质期。冰岛人也想效仿，但心有余而力不足。虽然冰岛四周都是海，但岛上木材短缺，日照不足，无法大规模产盐。因此，冰岛人只能另辟蹊径，用发酵乳清腌制、晒干和烟熏等方法来保存肉类。冰岛人认为动物"全身都是宝"，所以他们绝不会浪费，会保存好动物所有部位。

如今，冰岛人仍常吃烟熏羊肉和鱼干等古方保存的美味。但这些奇特的传统美味只于一年一度的"臭食节"（庆祝旧历隆冬月到来的节日）出现。节日当天，冰岛人会先在托盘上摆好所有传统美味，致敬祖先。然后一边喝酒，一边品尝传统美味。

实际上，在冰岛玩 2 周的游客吃的发酵山羊睾丸，可能比冰岛人一辈子吃得还多。

冰岛热狗

如果你去雷克雅未克市中心，在议会大厦和旧港中间的位置，能看到一辆餐车挂着醒目的招牌："雷克雅未克最好吃的热狗"。不久前，政府重新开发该区域。所有人都不想这辆餐车搬走，因此餐车依然"坚守阵地"，为人们提供"最好吃的热狗"。

热狗是冰岛的非官方国菜，其主要成分是羊肉、猪肉和牛肉，再佐以番茄酱、甜芥末、生洋葱、炸脆的洋葱和由蛋黄酱、胡椒、芥末和香草制成的酱汁，这让冰岛热狗独具风味。不同地区，热狗配方稍有差异，比如在冰岛北部，人们喜欢在热狗上加紫甘蓝。当然，你可以自选配菜，倘若想和冰岛人吃相同口味的热狗，那就得什么配菜都要。

> **在冰岛如何点热狗**
>
> 如果你想在周六的凌晨 3 点排队点热狗时，炫耀你的冰岛语，可以说："*Eina með öllu, takk!*"（所有配菜都要！谢谢！）

寻味冰岛

冰岛人的
烧烤文化

在大部分国家，人们的习惯可能是天气好的时候才烧烤。但在冰岛，天公常不作美。所以，冰岛人随时随地都可能烧烤。

冰岛人是怎么烧烤的

1. 首先买个质量好的烧烤架，最好是风雨天还能用的大型燃气烧烤架。不用烧烤架的时候，要用重物压着烧烤架，以免防护罩被大风刮走。每次风暴结束，冰岛人都会在网上发寻物启事，寻找被风刮走的烧烤罩。

2. 将烧烤架放在背风处。

3. 一般来说，身强体壮的人负责烧烤，他们要穿上保暖且不易燃的衣服，带着汉堡、香肠和腌肉去室外烧烤。如果你想有所创新，可准备一整条羊腿和一条三文鱼。

4. 待在室内的朋友家人可以一边喝啤酒，一边准备沙拉、酱汁和其他配菜。

5. 别忘了偶尔探出头，递给烧烤的人一瓶啤酒，再说声"辛苦了"。

6. 热气腾腾的烧烤上桌时，一定要给在外辛苦烧烤的人一个大大的拥抱，让他们暖和起来，然后递给他们一瓶啤酒。

7. 尽情享受烧烤大餐吧！

8. 千万不要忘了用重物压着烧烤架，不然你的烧烤罩可能被大风刮到邻居的花园里。

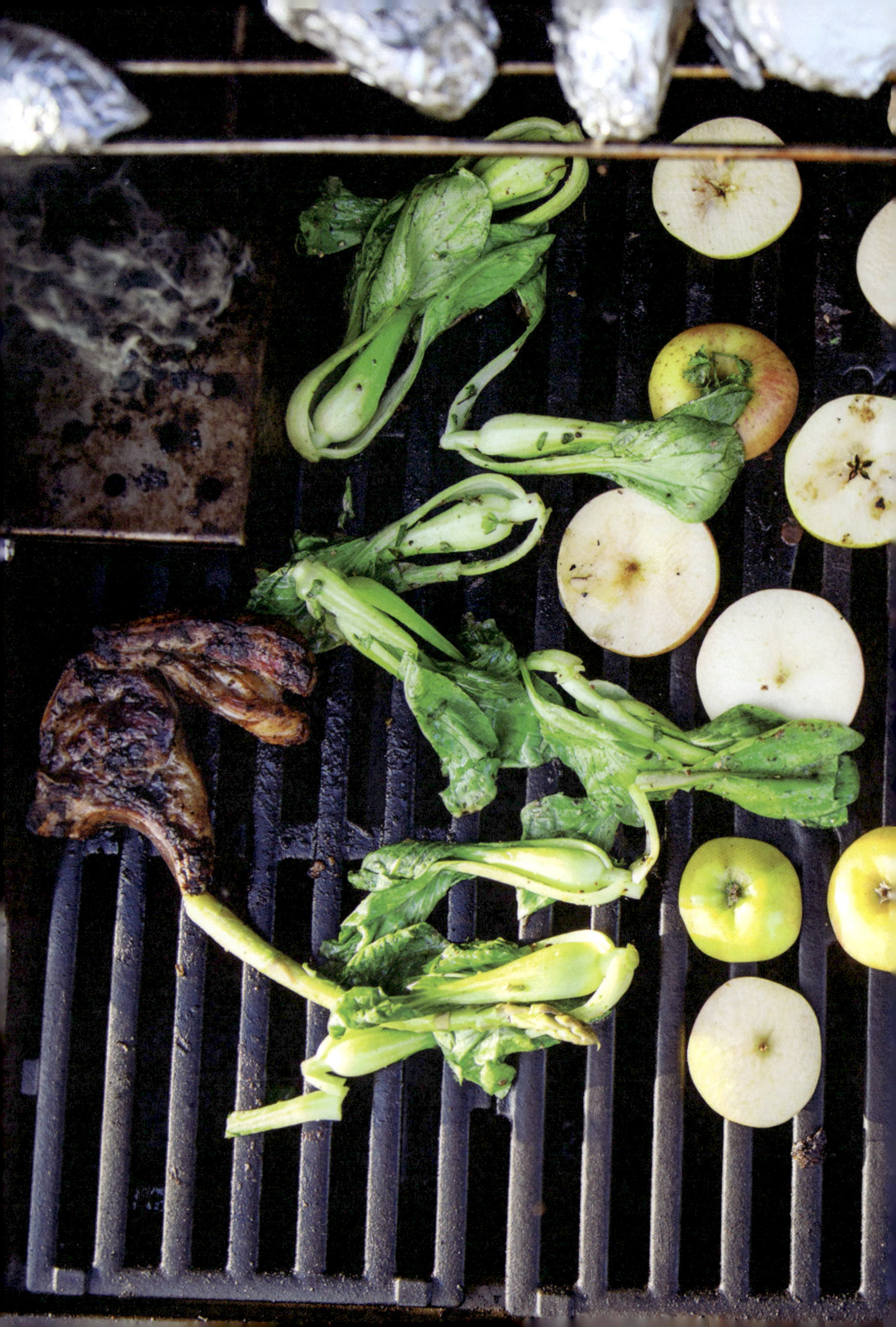

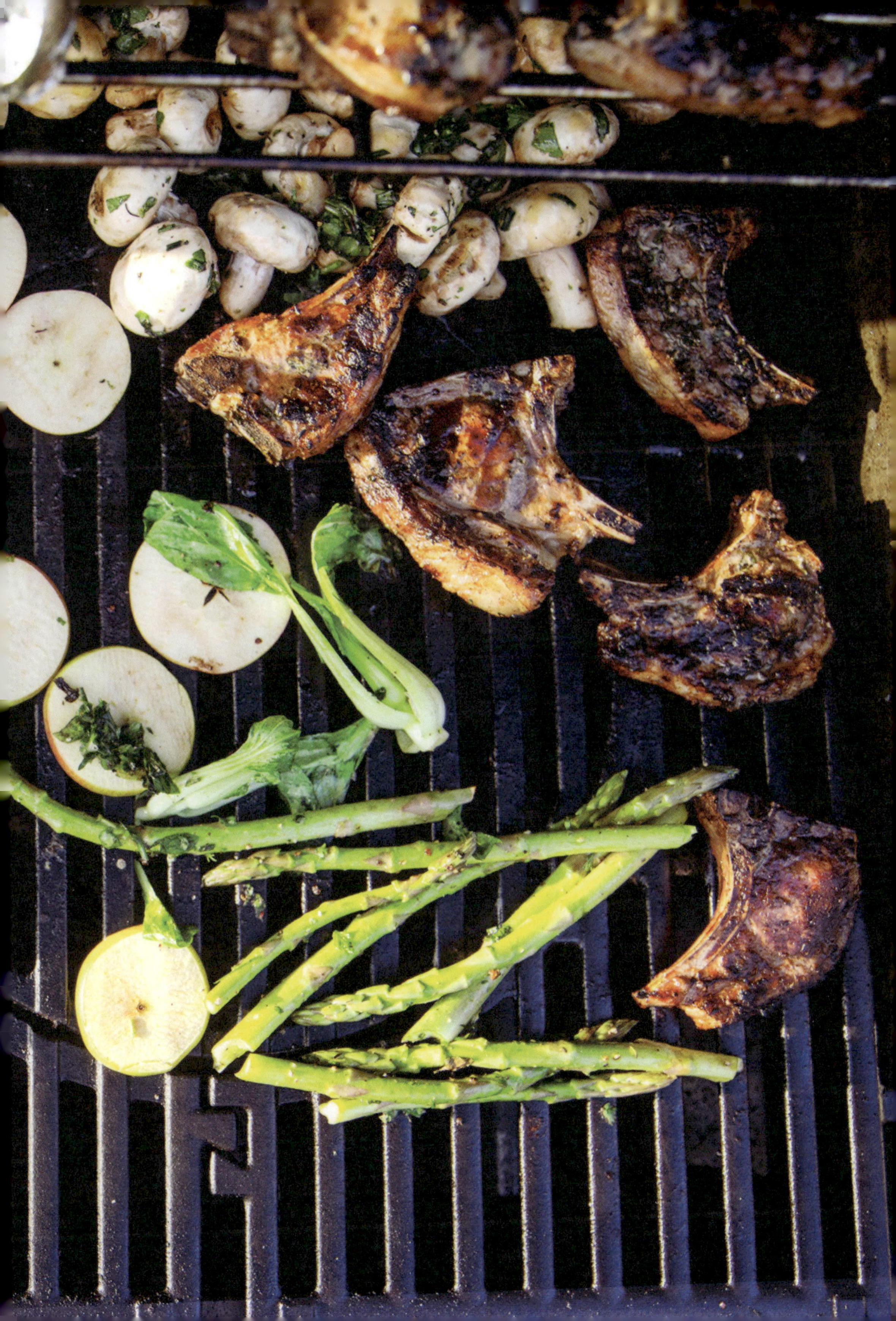

甘草糖

　　北欧人特别喜欢吃甘草糖，但没有哪个北欧国家的人像冰岛人一样，对甘草糖上瘾。在冰岛，75% 的糖果里有甘草，比如巧克力焦糖糖衣的甘草糖、杏仁糖夹心甘草条以及甘草葡萄干。此外还有甘草味的酒精饮料、冰激凌和酱汁。

　　19 世纪，甘草糖开始流行，当时它主要作为止咳药在药房出售。1944 年，曾为丹麦属地的冰岛成功独立，冰岛政府为控制汇率而限制非必需品的进口，当时，多数糖果依赖进口，糖果被列为"非必需品"后，冰岛人陷入了"糖果危机"。因此，他们只能自给自足，开始在本国生产糖果，而受欢迎且便宜的甘草便成为糖果配方的主要原料。如今，众多品牌的巧克力和糖果在冰岛随处可见，但冰岛人还是最爱甘草糖。毕竟，谁能拒绝用甘草糖吸管喝可乐呢？

糖果日

有人说:"冰岛人的糖果消耗量比任何国家都多",这是真是假,无从考证。你若是在冰岛超市看到琳琅满目的糖果区,应该会大为震惊。为了不让孩子吃太多糖,冰岛父母在几十年前设立了"糖果日"。

糖果日一般在每周六,当天孩子可以专程去超市买糖吃,而超市也会贴心地在每周六打折。

糖果日正逐渐淡出冰岛人的生活,冰岛人认为:一天吃完一周的糖,对身体并不好。每天晚上,尤其是漫长的冬夜,和家人在客厅,一边吃点糖果、爆米花或冰激凌,一边看电视,会更健康。

冰激凌
旅行

　　如果你在周一的晚上,看到冰激凌店外排起了长队,不要大惊小怪,这在冰岛很正常。在冰岛,无论天气如何,无论何时何地,冰岛人都要吃冰激凌。冰岛人对冰激凌的喜爱与国名"冰岛"无关,却和冰岛人的高肥胖率息息相关。

　　冰岛语中有一个老少皆知的词:"冰激凌旅行",意为:专程为了买冰激凌开车出门。通常来说,周末家庭出行或者情侣约会时会来一场"冰激凌旅行"。无论是奶油冰激凌、牛奶冰激凌、酸奶冰激凌还是纯素冰激凌,冰激凌店会确保每个人都能找到自己喜欢的口味。冰激凌可以放在蛋卷、华夫饼或盒子里,还有不同的淋酱(最受欢迎的是巧克力焦糖、黑巧克力、白巧克力、焦糖、甘草等)和配料(如椰子片、坚果、脆米等)可供选择。孩子们则喜欢有"卡通小丑脸"的冰激凌。

　　来冰岛玩,一定要尝尝冰岛版"麦旋风"冰激凌(Bragðarefur)。1985年,两位在温室花店卖冰激凌的冰岛人推陈出新,在原有冰激凌的基础上加入冰冻可乐和碎的巧克力威化棒,冰岛版"麦旋风"也就问世了。20世纪下半叶,这种特色冰激凌风靡全冰岛。现在你可以在冰岛任何一家冰激凌店点"麦旋风"冰激凌,加任何你喜欢的配料,比如蛋糕坯、新鲜水果或坚果,只有你想不到的,没有他们加不了的。温馨提示:不要吃太多冰激凌,否则对牙齿不好!

阿克雷里有一家冰岛最古老的冰激凌店——Brynja，有些冰岛人只认准这家店的冰激凌。好消息是，他们现在在首都地区的科帕沃于尔也开了一家分店。另一家受欢迎的冰激凌店是雷克雅未克港口的 Valdís。

冰岛大蛋糕和咖啡

若你有幸受邀参加冰岛人的生日派对或成人礼派对（参见第 177 页），你很可能会看到餐桌上摆满了各式各样的蛋糕，其中有一款大蛋糕，上面放了更多的奶油、蛋白霜、浆果和巧克力。这款大蛋糕名为"纳托索拉"，与哈尔多尔·拉克斯内斯于 1968 年出版的小说《冰川下的基督》里一角色同命，该角色在小说中几乎一直强迫男主人公吃她那些过分夸张的蛋糕。冰岛人对该角色印象深刻，所以直接借用了这个名字，特指很大且分层多的蛋糕。

冰岛人的习惯是，吃一块蛋糕必须配一杯咖啡。冰岛人离不开咖啡（人均咖啡消费量位居世界第三位），一来咖啡可以帮助他们驱寒保暖，二来可以让他们在日照不足的冬日保持头脑清醒。

数百年里，冰岛人喝了很多质量较差的咖啡。但近几十年，生活条件得以改善，冰岛人更看中咖啡的品质。如今，本地商店供应世界各地的精品咖啡豆，咖啡研磨机和超大浓缩咖啡机也进入了冰岛寻常百姓家。全国各地出现了许多特色咖啡馆。雷克雅未克的"摩卡"咖啡馆（Mokka）是冰岛历史最悠久的咖啡馆，成立于 1958 年，这里仍保留着老家具，是冰岛艺术家常光顾的咖啡馆。雷克雅未克市中心的"仙人掌"咖啡馆（Kaktus Espressobar）供应质量上乘、醇香浓郁的意大利咖啡。阿克雷里的"醇香"咖啡馆（Kaffi Ilmur）温馨无比，馆内可俯瞰市中心购物街；西部峡湾的伊萨菲厄泽的"老家"咖啡馆（Heimabyggð）供应可口的咖啡和蛋糕。在斯纳山半岛海德纳尔镇，有一家只在夏季营业的"海滨小屋"咖啡馆（Fjöruhúsið），面朝大海，咖啡相伴，实属人生一大美事。

如何做一个惊艳四座的『纳托索拉』大蛋糕

1. 大小很重要。不管你做巧克力蛋糕，还是香草戚风蛋糕，蛋糕起码要做 3 层以上，夹层口味也要不同，其中至少 1 层是蛋白霜。

2. 铺上大量奶油。各夹层间铺上多多的奶油，佐以不同口味的配料（比如巧克力或焦糖），也可以放碎糖果、坚果、浆果、新鲜或罐装水果。很多人还会放有甘草和焦糖的巧克力棒。

3. 点睛之笔。给蛋糕抹上更多的奶油和喜欢的糖果。放心，想加什么就加吧！最后，给整个蛋糕淋上巧克力、焦糖和甘草酱料，就大功告成了。

干杯

如今，冰岛小型啤酒厂生产的精酿啤酒频频获奖。但你可能想不到，1989年以前，冰岛禁止饮酒。1915年，冰岛颁布禁酒令，商店不得售卖任何酒类。之后政府逐步放宽禁酒令限制，商店可售卖葡萄酒（最初只允许售卖西班牙和葡萄牙的葡萄酒，只因这两个国家威胁冰岛政府，若不买他们的葡萄酒，他们也不买冰岛的盐腌鳕鱼）和烈酒。但几十年来，任何商店都不能出售啤酒。有人说这是爱国主义的表现，因为冰岛人喝啤酒，就能联想到前殖民地丹麦，有人则认为啤酒价格低，允许买卖会让酗酒问题恶化。

半禁酒时期，冰岛本地生产的"黑死酒"（Brennivín）风靡全国，"黑死酒"是一种以土豆为原料酿造的烈酒。1935年，"黑死酒"进入冰岛市场，冰岛政府为了降低消费者的购买欲望，要求酒厂在瓶身贴上黑色标签，这也是"黑死酒"名字的由来。近年来，它也被用于调制鸡尾酒，在国外的一些高档鸡尾酒酒吧可以看到它的身影。

如今，冰岛人能买到各种各样的酒精饮料，但仍然有一些限制。例如，人们只能去 52 家国营酒类专卖店购买酒精饮料。

啤酒解禁以来，冰岛的酒精消费总量逐渐增加，但仍低于欧洲邻国，而且不饮酒的人口比例高。有趣的是，禁酒放开后，冰岛人反而不再周末狂欢了，而是用更温和的方式放松。塞尔福斯的 Ölvisholt 啤酒厂和达尔维克的 Kaldi 啤酒厂，对公众开放，绝对值得一游。在 Kaldi 啤酒厂，你甚至还可以泡个啤酒浴。

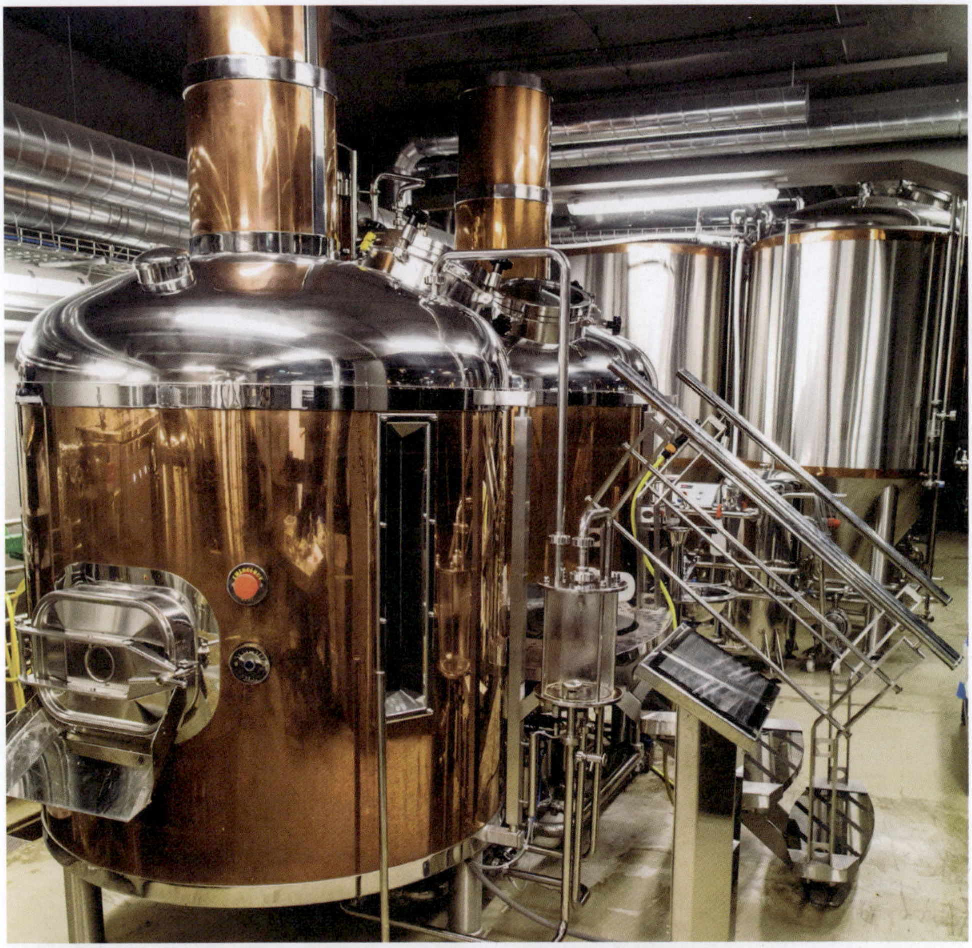

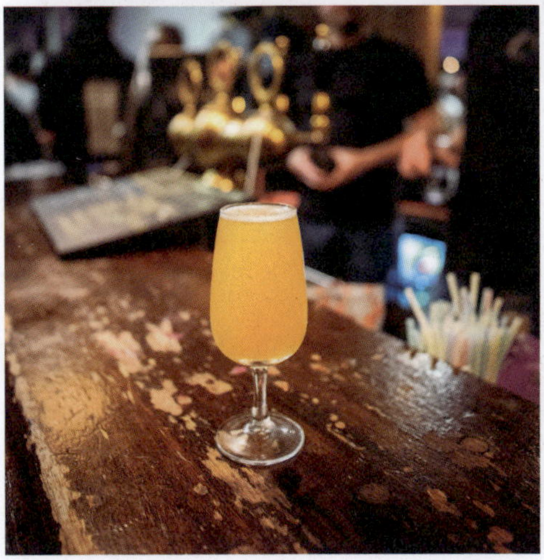

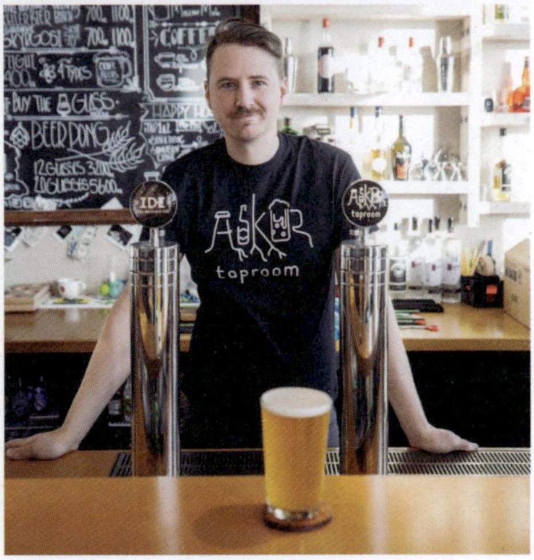
BUY THE GLASS
BEER PONG
taproom
taproom

寻味冰岛

冰岛酸奶

除了鱼，冰岛本地超市最常见的产品就是冰岛酸奶。

冰岛酸奶和普通酸奶类似，但严格来讲，它是一种奶酪，在冰岛已有1000多年的历史。在冰岛的传说中，它常出现在宴席上，《格雷特尔强者的传说》记载，冰岛人甚至会为酸奶而大动干戈。

冰岛酸奶由脱脂牛奶制成。首先，加热脱脂牛奶，加入活细菌培养物；牛奶变稠后过滤，去除乳清；最后得到的就是浓稠且蛋白质含量高、脂肪和糖含量极低的奶产品。因此，冰岛酸奶是优质零食，可以直接吃，也可以拌着浆果、坚果和燕麦吃。冰岛人常用奶油和蓝莓拌着酸奶吃，或用酸奶做酸奶蛋糕（类似芝士蛋糕）和提拉米苏。

海外商家宣传冰岛酸奶是不可多得的超级食品，因此冰岛酸奶的出口量急剧增加。冰岛生产商甚至在海外建生产线以满足消费者需求，所以就算不来冰岛，你也能买到冰岛酸奶，但要小心以免买到假货，现在市面上有不少标着"冰岛风格"的酸奶，但其实并不正宗。

每天至少吃
5 份蔬果

　　冰岛短暂的夏季并不适合种植蔬菜。1000 多年来，冰岛人几乎只能吃动物产品。几百年来，冰岛农民甚至不愿在宝贵的牧场上种庄稼。19 世纪初，冰岛人才开始种土豆和其他根茎类蔬菜，而卷心菜等耐寒蔬菜在冰岛的传统烹饪中极少出现。

　　如果说吃上蔬菜不容易，那么能吃上水果则是一种奢侈。在 20 世纪 60 年代，冰岛人会用极其珍贵的苹果在圣诞节招待客人。甚至在 20 世纪 30 年代的某个时期，你必须要有医生开具的处方，才能购买橙子。

　　尽管冰岛本地不产蔬菜，但在夏天快结束的时候，可以吃上野生蓝莓和越橘，以及蘑菇等蔬果。19 世纪，冰岛人大规模生产糖，有条件开始做果酱、果汁和糖渍水果。

　　如今，冰岛人摄入的蔬果量还是比其他欧洲国家少，游客经常抱怨：冰岛超市买的蔬果看起来相当不新鲜。确实如此，因为这些蔬果经过长途运输才抵达冰岛。其实，过去几十年，冰岛蔬果产业发生了翻天覆地的变化。冰岛人利用地热能源为温室提供热量和光线，所以冰岛现在可以全年种植蔬菜，在冰岛能买到的大部分番茄、黄瓜、辣椒和生菜都产自本地。同时，素食主义和纯素主义的冰岛人也越来越多。

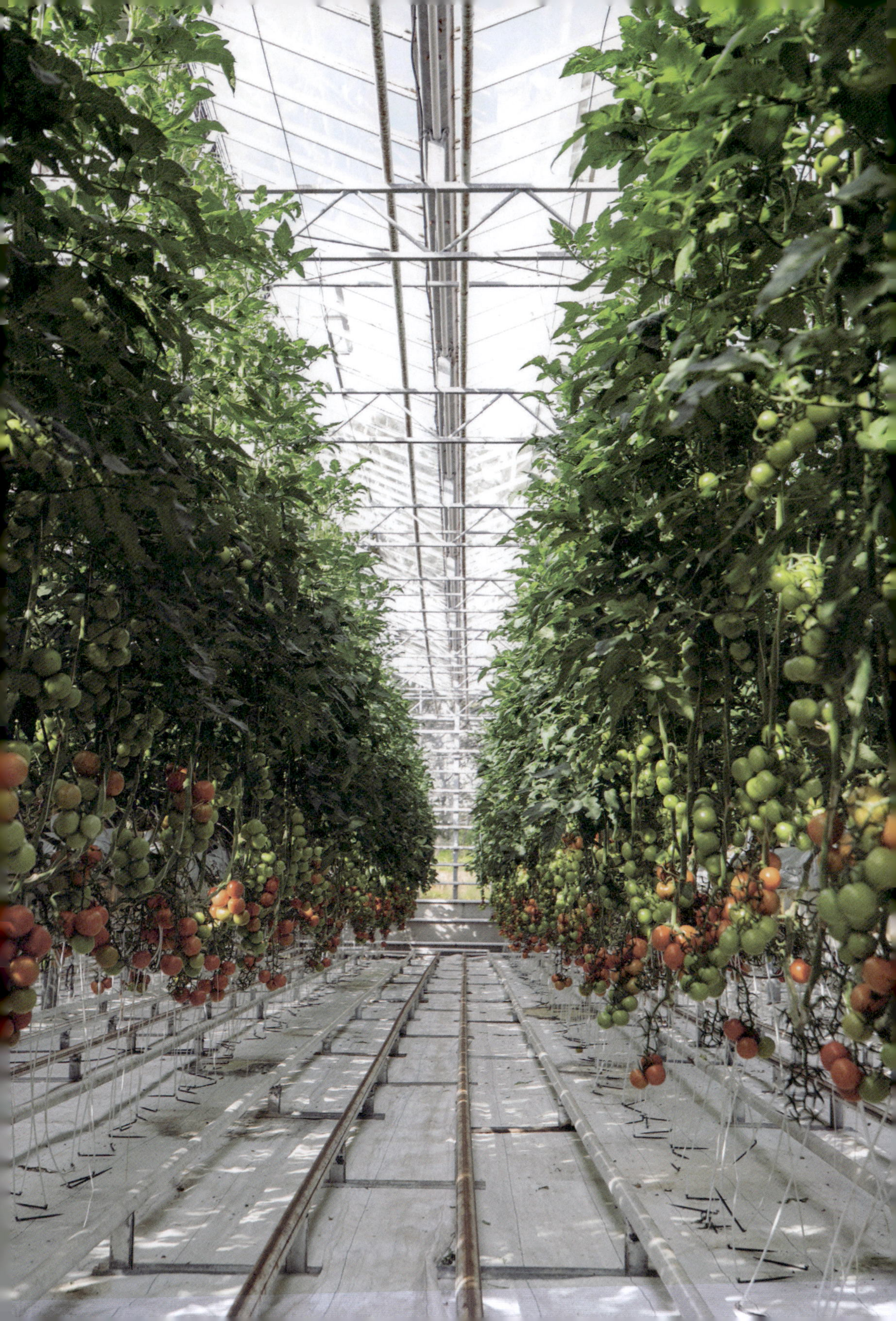

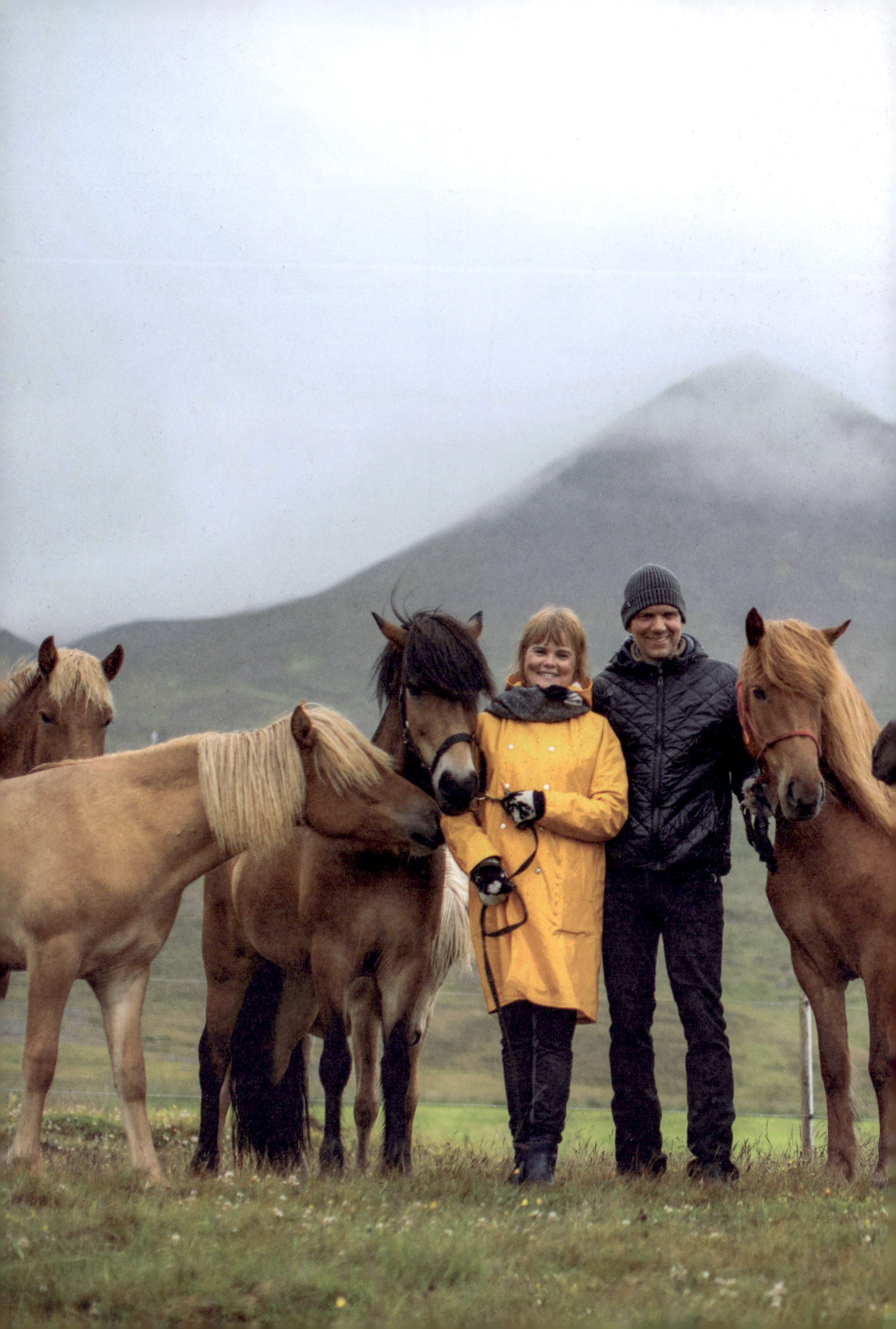

玩在冰岛（户外）

冰岛没有"差天气"

　　生活在北极圈旁的冰岛人很擅长与大自然和谐共处。冰岛人从小就能风雨无阻地出门。睡在婴儿车的孩子常被父母放在户外睡觉，孩子的脸颊在寒风中被冻得通红。在幼儿园，孩子们大部分时间都在户外玩耍，吃地上的雪和黑色火山沙。无论刮风还是下雨，冰岛的孩子从小就可以一个人走路去上学（参见第172页）。冰岛人掌握很多重要的生活技能，比如如何在冰上行走（小技巧：模仿企鹅走路）以及如何在大风肆虐时正常呼吸（小技巧：侧着身子）。所有冰岛人都知道，没有所谓的"差天气"，只有不合适的服装！来冰岛旅游时，可以看看66° North（1926年创立以来，该品牌一直为冰岛人提供保暖的服装）、Cintamani、ZO·ON 和 Icewear 等品牌的衣服。

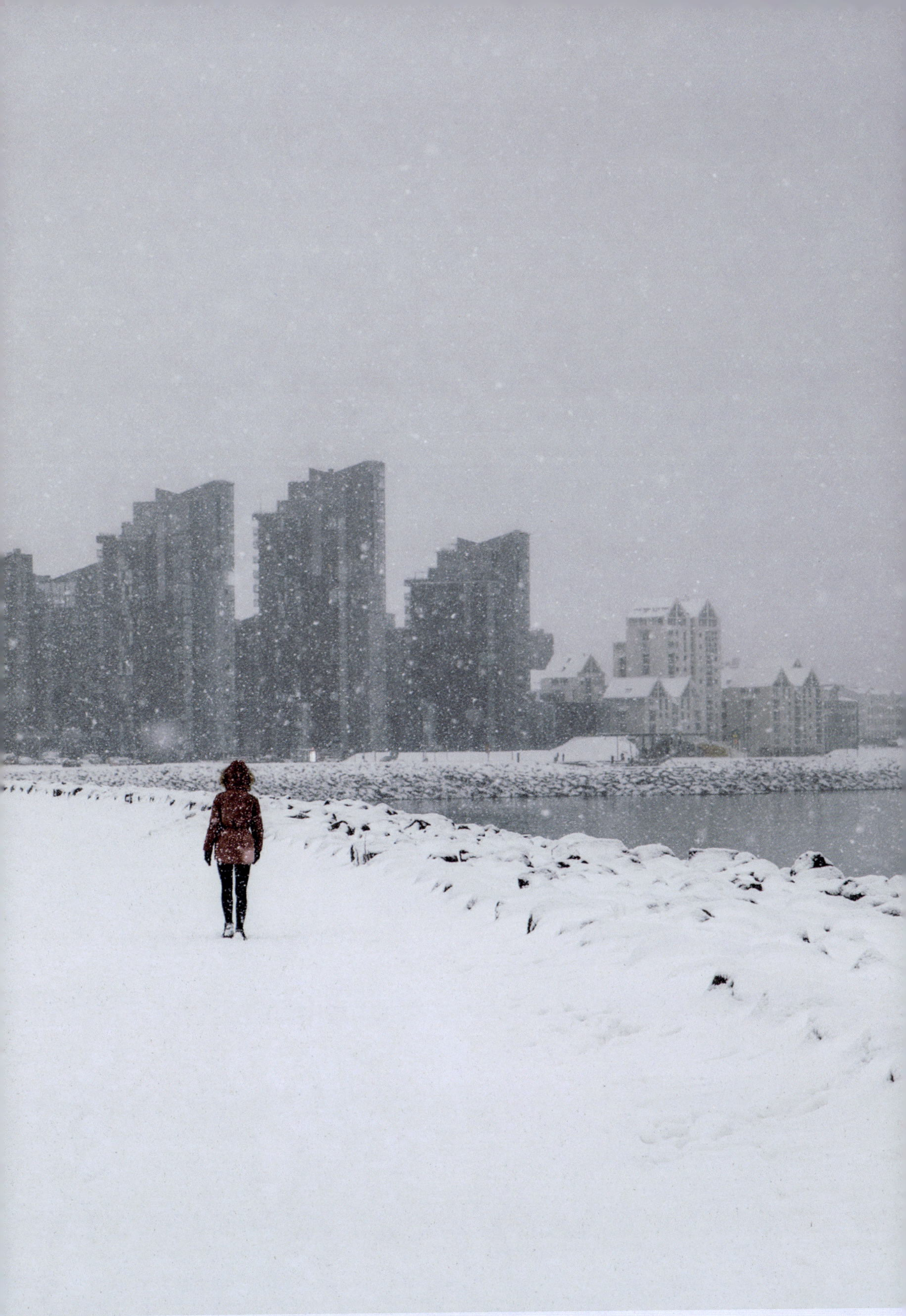

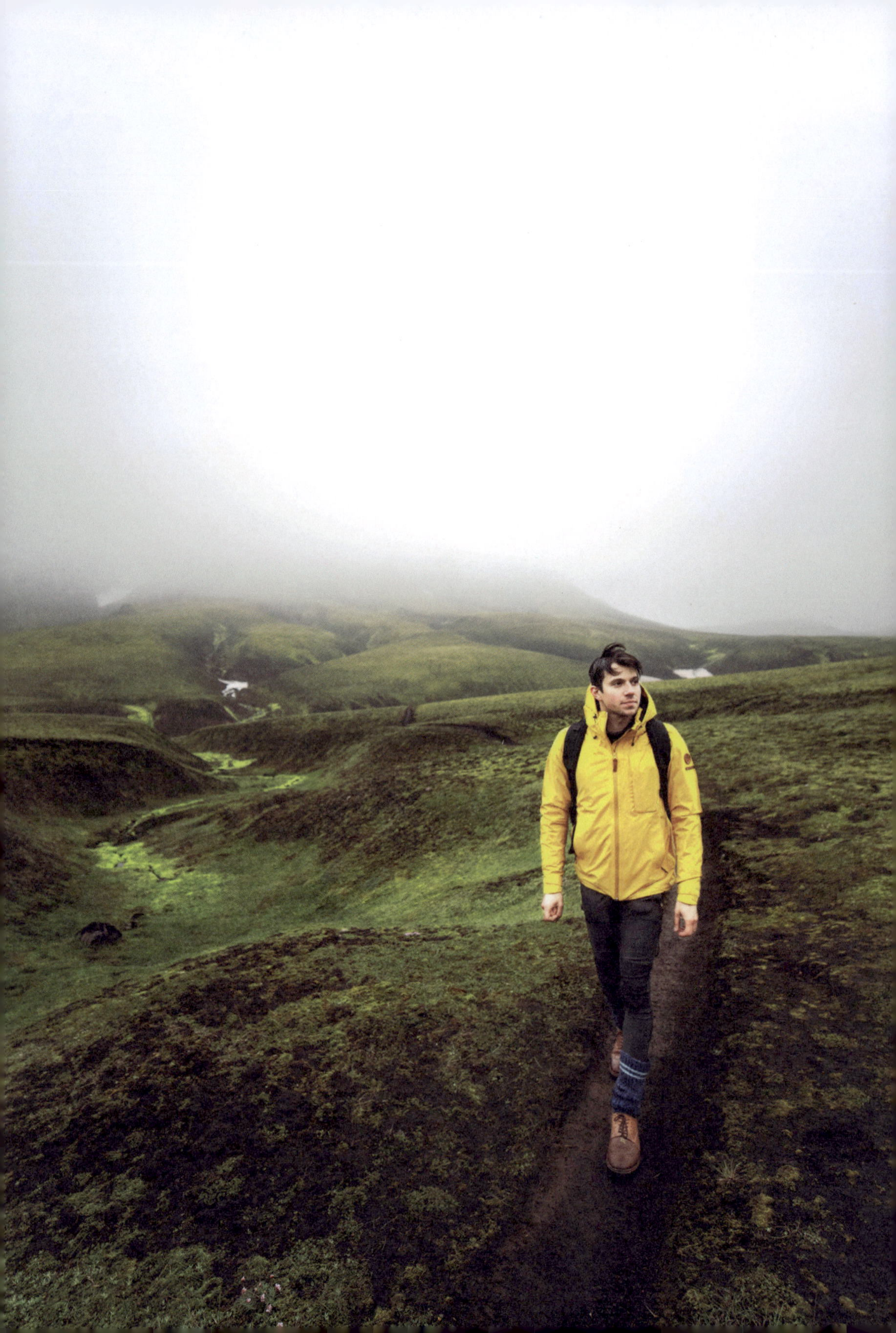

在大自然中
徒步

多数冰岛人热爱大自然，但由于冰岛不像北欧邻国（比如挪威）有得天独厚的地理优势，比起挪威人对滑雪的狂热，冰岛人更喜欢在山间徒步。

冰岛有许多徒步旅行俱乐部或协会，比如冰岛旅行协会（Iceland Touring Association），他们每年会举办丰富多彩的户外活动，而且在全国各地建有山间小屋，可以为参与者提供住宿。

冰岛有几条热门徒步路线，菲姆沃罗豪尔斯就是其中的一条，它从南部斯科加一直通向索斯莫克。该路线被冰川环绕，横跨米达尔斯冰川和埃亚菲亚德拉冰川的山脊，整个徒步路线耗时约 9 小时。从索斯莫克出发还有另一条路线——洛加维格（Laugavegur），和雷克雅未克主街同名。这条徒步路线通往兰德曼纳劳卡，该地区位于黑曜石熔岩流的终点，四周为五彩斑斓的流纹岩山脉和冒着热气的地热泉池。兰德曼纳劳卡附近有一座由冰岛旅行协会运营的小木屋，旁边有个绝对值得一游的天然泳池。洛加维格徒步路线全长约 55 千米，起点一般为兰德曼纳劳卡，历时 4 天，途中需入住不同的小木屋，也需要穿过几条河流。

冰岛随处可见风景优美的徒步路线。如果你在冬季徒步旅行，一定要结伴而行。而且记得带上冰爪，根据你的目的地决定要不要带冰镐和头盔。出发前，记得看天气预报，并告知身边人你的行程路线。

随时待命的
冰岛救援队

　　冰岛的自然风光美不胜收，但也可能充满危险。在冰岛的极端天气和雪崩等自然灾害面前，无论是当地人还是游客，都有可能陷入困境。那么，此时该打电话给谁？当然是冰岛的救援队。你可以拨打 112 联络紧急服务中心。

　　冰岛救援队由专门从事陆地、海上和山地救援工作的志愿者组成。志愿者训练有素，随时待命。除了能收获帮助人的喜悦，他们收不到任何报酬。向冰岛救援队志愿者致以最崇高的敬意！

冰岛救援队负责的救援任务包罗万象，比如帮助陷入困境的渔船，寻找山上迷路的游客，营救受伤的徒步者，或暴风雨时加固屋顶。冰岛有海岸警卫队，但无军队。冰岛救援队总在国家和人民需要的时候挺身而出，保护国家和人民。

冰岛共有 93 支搜救队和 37 个事故预防分部，志愿者总人数约为 18000 人，其中约 4500 人随时待命。救援队平均每年会接到 1200 次左右的求救电话。尽管救援队受过专业训练并装备精良，但国家几乎不给他们任何补助，救援队成员甚至需自掏腰包购买装备。救援队的收入主要来自社会的募捐活动。每年跨年夜，冰岛人都会从救援队买烟花，以支持他们的志愿工作（参见第 204 页）。

一百多年前，冰岛首支救援队成立。当时的救援工作集中在海上，目标是保护渔船，不让"海能载舟，亦能覆舟"的悲剧发生。冰岛搜救协会（ICE-SAR）是救援队的总部，在全国范围有 13 艘救援船，还为海员提供海上安全和生存的强化培训课程。

冰岛搜救协会官网为游客提供自驾、户外活动、天气和道路状况等重要信息。来冰岛旅游，你可提前下载 112 应用程序。危难时刻，你通过该程序呼叫救援队，他们马上就能确定你的位置信息。

玩在冰岛
（户外）

滑雪运动

　　冰岛人冬天去滑雪度假胜地滑雪，夏天则去冰川上越野滑雪。但春天才是滑雪最佳季节（前提是你有滑雪经验或有导游陪同）。冬季，冰岛部分滑雪度假胜地（以冰岛南部滑雪度假胜地为主）不一定具备滑雪条件。与阿尔卑斯山脉相比，冰岛山脉海拔相对较低，加之近年来全球变暖，雪量不足，因此雷克雅未克的滑雪爱好者通常会前往阿克雷里或伊萨菲厄泽滑雪。一些公司还提供直升机滑雪服务，客人搭乘直升机到山顶后，再一路滑下山。

攀岩运动

热衷于户外运动的冰岛人特别喜欢冰川攀登。你只要找到冰舌的裂缝,就可以攀冰了。天时地利人和时,你还可以去冰瀑布攀冰。当然,这些户外运动都应由当地导游陪同进行。

除了攀冰,冰岛也有很多地方可以攀岩。比如,东南海岸的赫纳帕维利尔(Hnappavellir)。但由于硬件设施不足,该地区仅供专业攀岩运动员使用。

骑行

近年来，越来越多的冰岛人开始参加自行车比赛或山地骑行。骑自行车是体验冰岛的绝佳方式，但骑行条件可能不尽如人意。除了冰岛的风太大不利于骑行，高地的一些路也不好骑，因此自行车需安装减震装置。冰岛的国家环路很狭窄，没有专门的自行车道，所以安全骑行的空间有限。在冰岛骑自行车，和其他户外运动一样，都有一定的危险性。所以，请务必穿防风防水的外套、查看天气预报，并在出发前告诉身边人你的行程。

划皮划艇

划皮划艇在过去几年里在冰岛流行起来。夜晚时风平浪静，是划皮划艇的最佳时间。夏季，选一个天气好的晚上去划皮划艇，你将拥有一段奇妙的体验。当海面完全归于平静时，你可以在皮划艇上欣赏水下绝美景色，运气好的话，还能偶遇海豹，甚至小须鲸！

跑步

冰岛是跑步爱好者的天堂。雷克雅未克有很多人工或自然跑道，空气质量极佳，你可以放心奔跑数小时。冬季地面容易打滑，建议在运动鞋上装防滑鞋钉。夏季，在日不落的街上奔跑，实在是难得的体验！每年6月夏至的深夜，雷克雅未克会举办午夜阳光马拉松。除此之外，冰岛每年还举办雷克雅未克马拉松比赛，和为孩子们量身打造的趣味跑。如果你更喜欢越野跑，不妨参加每年7月在洛加维格举办的55千米超级马拉松，马拉松路线穿越南部高地的自然保护区，因此这也是很受欢迎的徒步路线（参见第125页）。若要跑完马拉松，你需要渡过冰冷刺骨的河水，还可能会经历雨、风、雪等天气，所以该马拉松适合身心强大的选手。

午夜阳光下的高尔夫

冰岛的高尔夫球场通常坐落于美丽而壮观的风景区，如沿海地区或火山岩地带。夏季，许多高尔夫球场全天24小时开放，午夜时分打一轮高尔夫球绝对是独特的体验。阿克雷里的北极高尔夫球公开赛每年因绝佳的竞技环境，吸引了世界各国的运动员前来参加比赛。

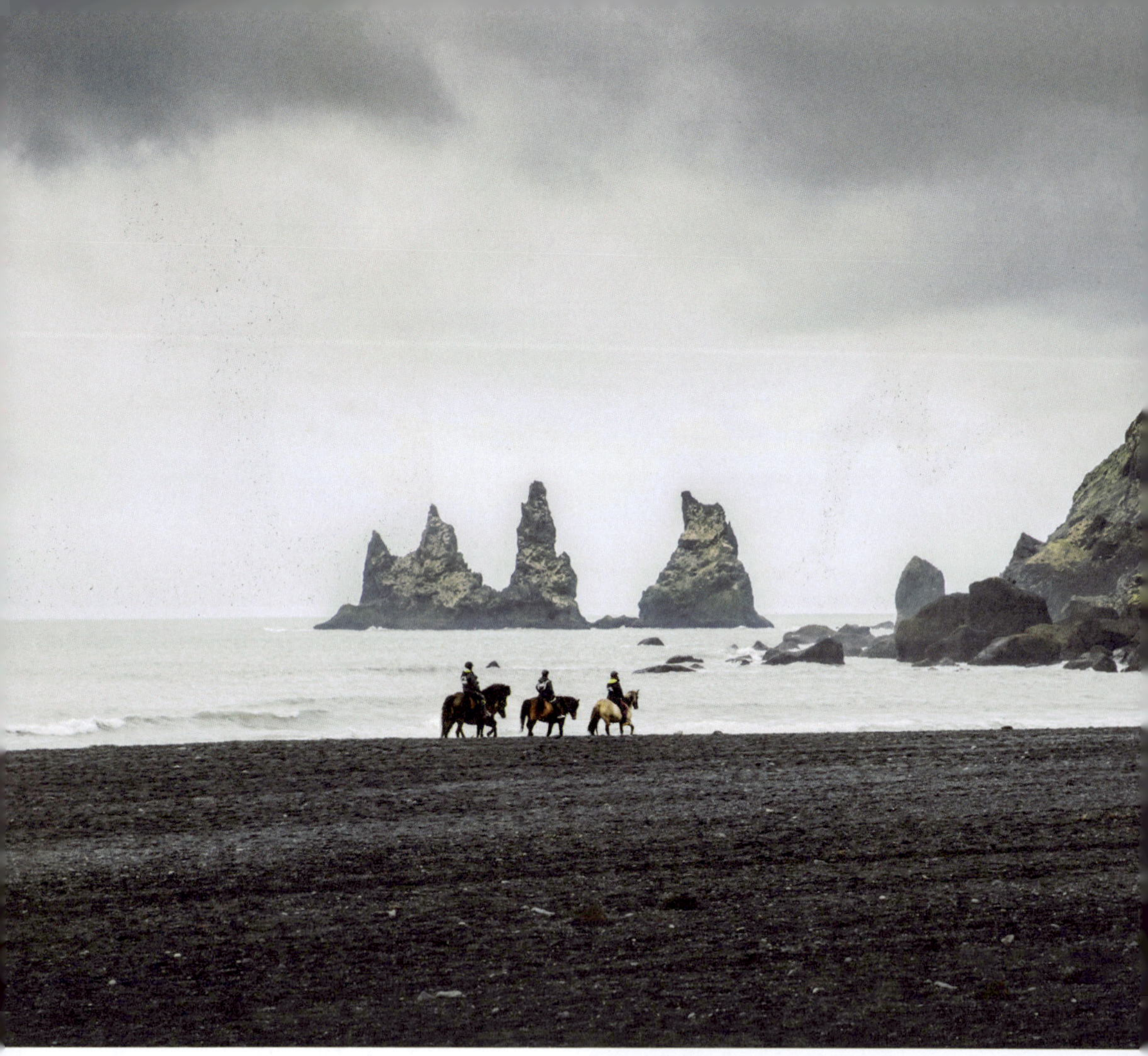
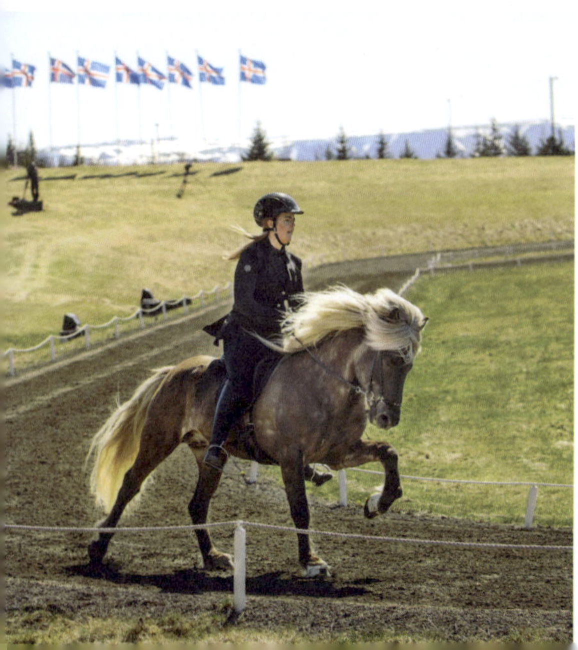
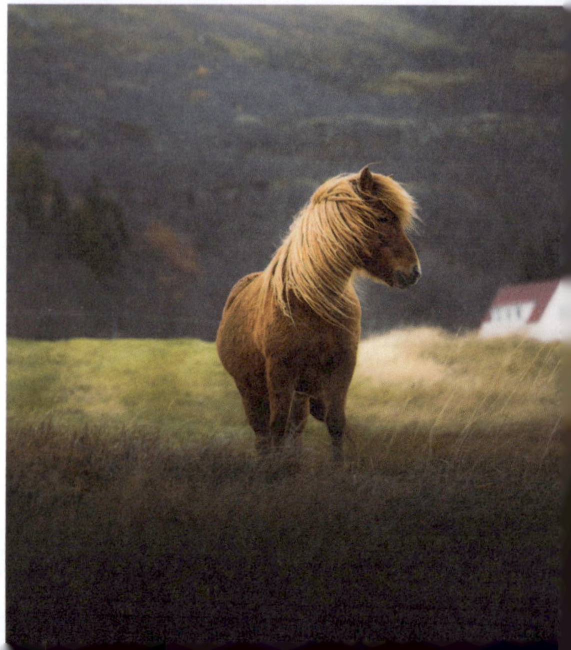

冰岛马

最早定居冰岛的移民当时从挪威带来了很多匹马。据说，这些马血统优良，万里挑一。它们一直与世隔绝生活在冰岛，成为世界上血统最纯的马种之一。

冰岛马的个头较小（但千万不要叫它们"小马驹"）因性情温和、身体强壮且耐力强而闻名世界。冰岛马因其两种特殊的步伐而与众不同：一种步伐平稳无比，骑手若是端着盛满水的杯子骑马，几乎能滴水不洒；另一种步伐则健步如飞，冰岛人称该步伐有着"飞一般的速度"，和汽车"第五挡"速度相当。冰岛马短距离奔跑时才会用该步法。

冰岛马与世隔绝，所以它对冰岛不常见的细菌和病毒毫无抵抗力。骑手若是碰过国外的马，必须把所有装备先消毒，才能用在冰岛马身上。此外，任何人不得进口马匹到冰岛，一旦冰岛马离开冰岛，就永远无法返回冰岛，这就是去海外参加锦标赛的冰岛马的命运。冰岛马在国际市场上相当受欢迎，每年约有1500匹冰岛马出口到德国等国家。冰岛每两年会在夏季举办一次国家级马术比赛。届时，全冰岛最优秀的马匹将汇聚于此，一决高下。

垂钓和狩猎

　　冰岛人喜欢从大自然中获取食物。夏季的冰岛非常适合垂钓三文鱼和鳟鱼，垂钓季节从 4 月持续到 10 月。部分河流的垂钓许可证费用不菲，每日费用高达数十万克朗。冰岛老百姓面对如此高昂的费用，也只能望而却步，改去收费较低的河流或淡水垂钓。外国的名门望族、摇滚明星和亿万富翁是来冰岛垂钓的常客，吸引他们的是冰岛旖旎的风光，河流生物的多样性和来自北大西洋的野生三文鱼。垂钓者还可以入住垂钓小屋，享用专业厨师精心准备的饕餮大餐。

　　冰岛家庭很喜欢垂钓。孩子们从小就学会如何用鱼竿，成年后还会和朋友加入垂钓俱乐部，每年至少参加一次长周末垂钓活动。虽然男性仍是钓鱼俱乐部的主力军，但越来越多的女性加入其中，也许钓鱼俱乐部就是男版的"缝纫俱乐部"（参见第 152 页）。

　　除了河里游的，冰岛人还会捕地上走的和天上飞的动物，比如雷鸟（一种野禽）、大鹅、驯鹿和海鸟。18 世纪，驯鹿开始生活在冰岛东部高地。由于冰岛冬季食物稀缺，冰岛人一般会人工干预，优胜劣汰，以确保整个鹿群的健康，但每年猎杀的数量有限。雷鸟数量近年来有所下降，因此冰岛政府只允许个人付费捕猎，而且捕鸟季也很短。2023 年，人们只能在 10 月 20 日至 11 月 21 日之间的周二和周五捕鸟。对认识猎人的冰岛家庭而言，雷鸟、大鹅和驯鹿可能成为圣诞餐桌上的美食。

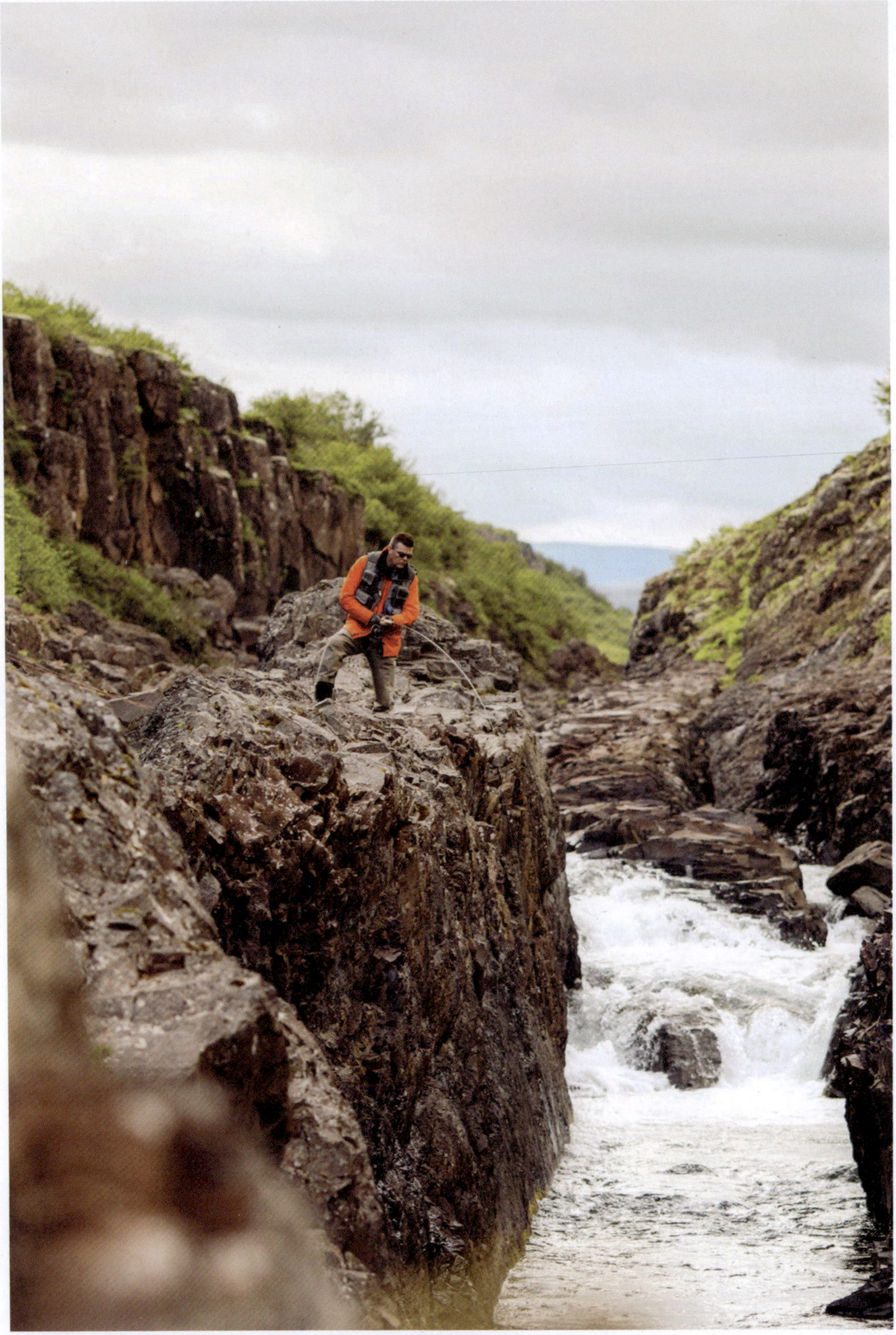

露营

冰岛人热衷露营。夏季午夜阳光下，躺在帐篷里度过一宿是很奇妙的体验。你能听到一大群鸟在营地叽叽喳喳，还可能会听到羊的叫声。

资深露营玩家会只背一个包，搭帐篷休息一晚，第二天一早继续徒步旅行。这通常是游客的露营方式，冰岛本地露营爱好者更倾向于悠闲露营。对冰岛人来说，露营是一种生活方式。他们会开着房车带上巨大的帐篷、拖车和生活必需品，甚至还会带上电视机、桌游和烧烤装备。夏末的节日和周末，许多冰岛人会一边露营，一边聚会（参见第217页）。

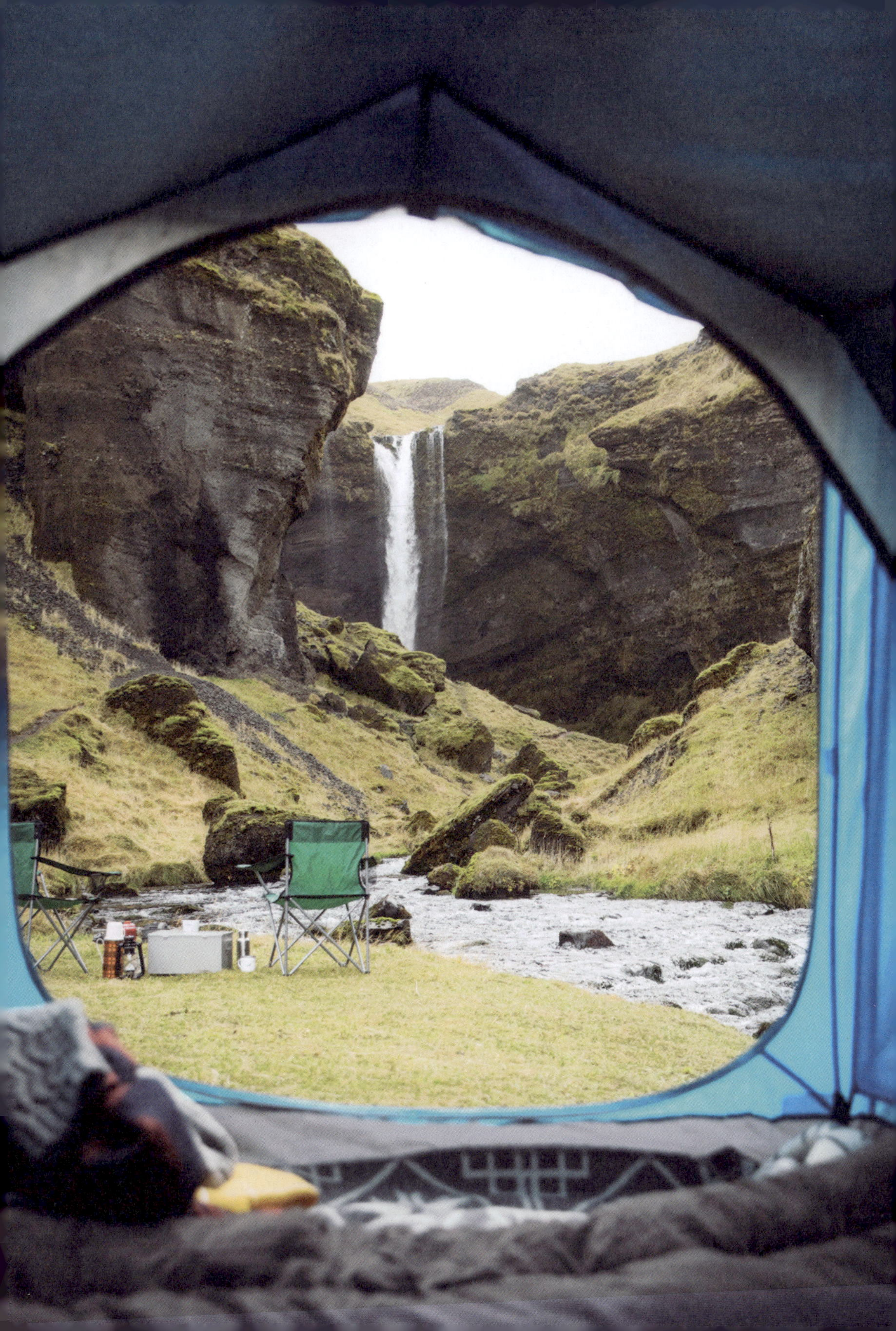

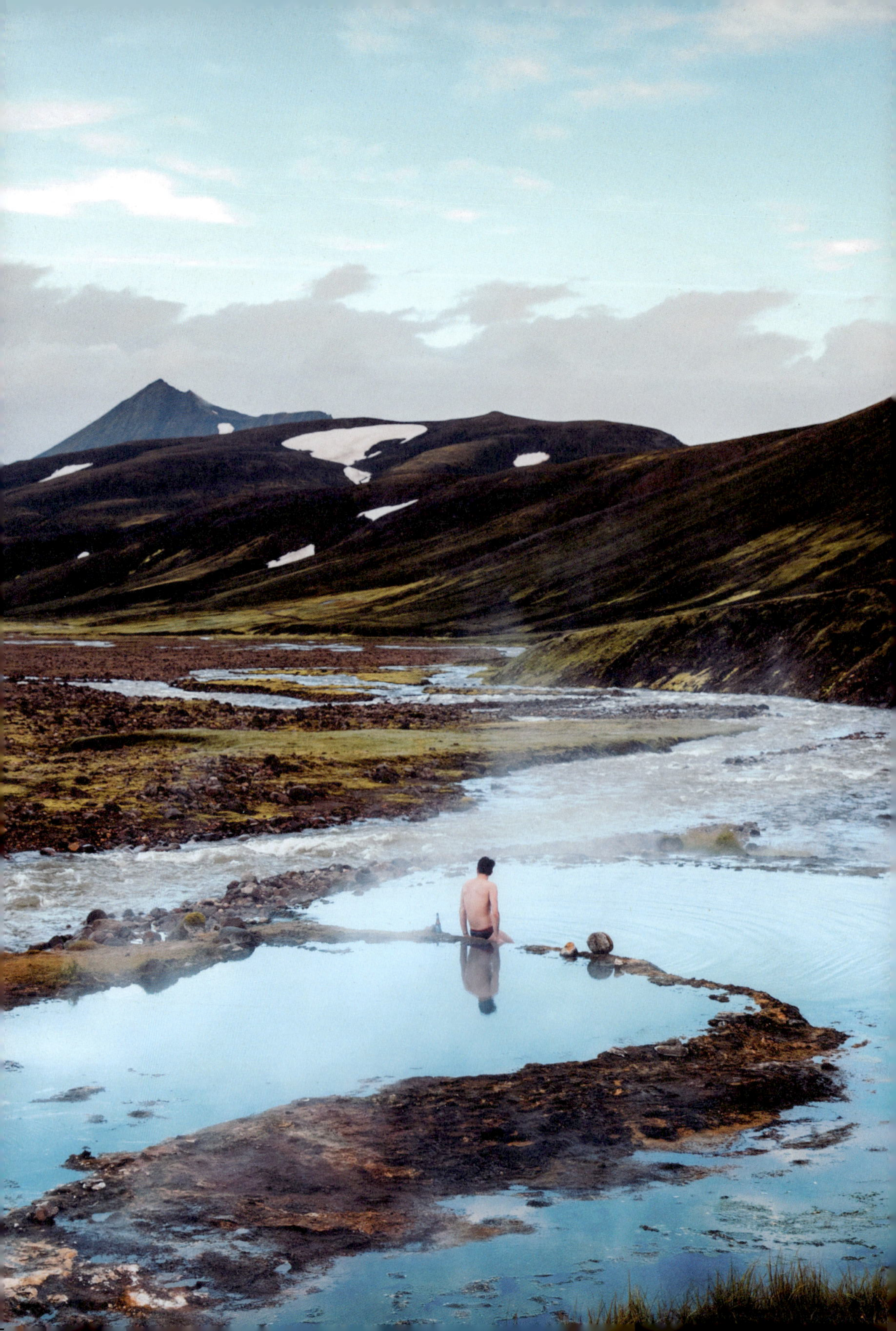

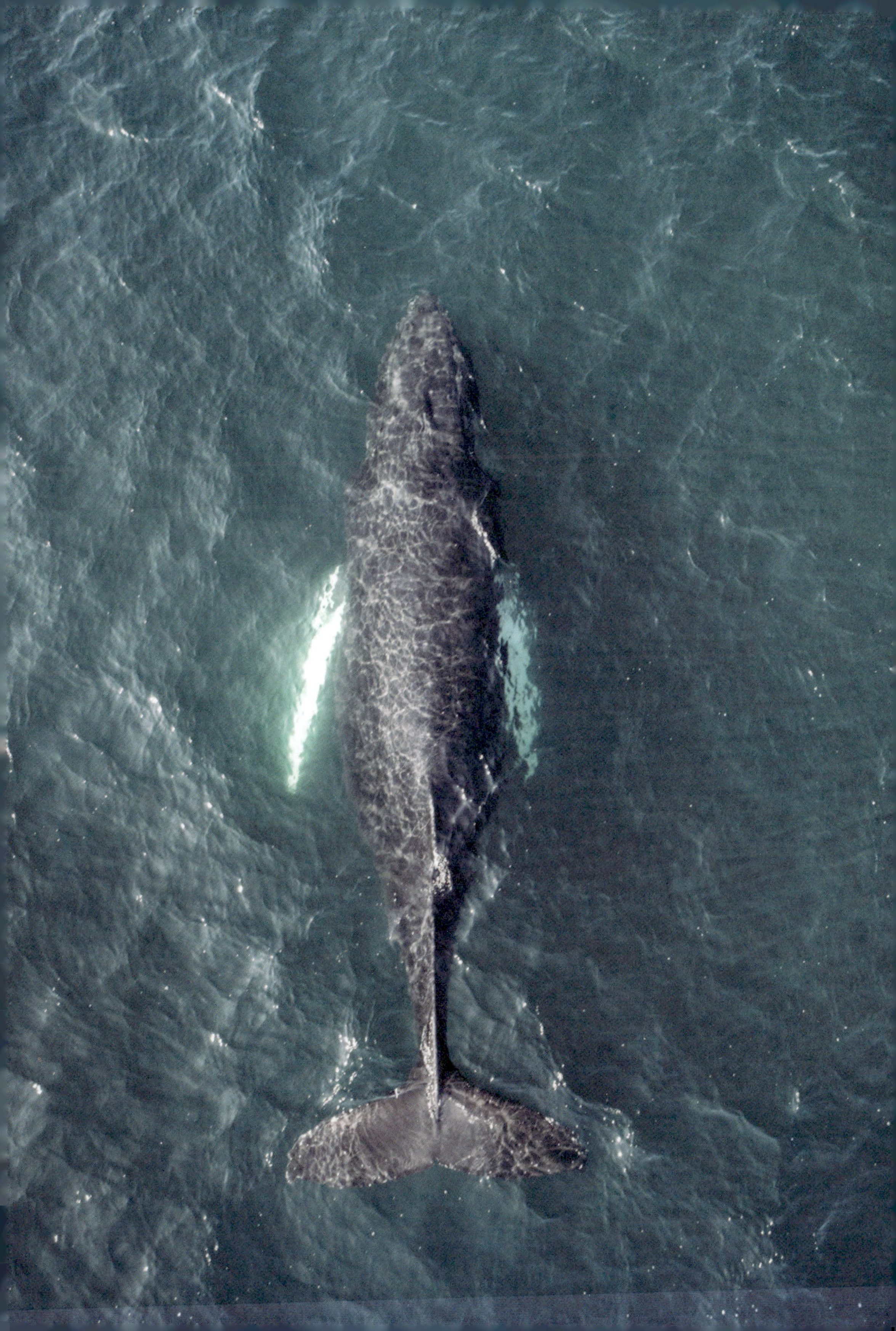

泳池——
生活中不可或缺的
必需品

　　如果你计划前往冰岛，不要忘记带上泳衣。毫无疑问，冰岛人最喜欢的活动之一就是去泳池。地热能源丰富的好处之一，就是温泉池总近在咫尺。在温泉池放松身心是冰岛古老的传统生活习俗，在冰岛的萨迦文学作品中也有提及。

　　冰岛人认为泳池是生活中不可或缺的一项必需品。冰岛有100多座对公众开放的泳池，其中17座泳池位于雷克雅未克。你可以上网查看泳池的详细信息，网页上一般有游泳池、温水池、冷水池、桑拿房和儿童水上滑梯等设施的图片展示。

　　无论天气好坏，户外泳池全年都十分受欢迎。事实上，当天空阴沉、灰蒙蒙的时候，去温泉泳池体验感极佳。泡在温泉里，大口呼吸新鲜空气，望着缓缓落下的雪花，享受极致放松。若觉得肩膀和头部有点冷，泡到温水下几秒钟就暖和了。

冰岛人去泳池并不总是为了游泳。有些人每天同一时间去泳池，只为坐在温泉池里，和家人朋友谈天说地。

　　政府部长与诗人、学校老师、水管工或者厨师在泳池一同畅谈的场景十分常见。孩子们在水上滑梯上尽情玩耍，家长们就躺在一旁的温泉池放松身心。大多数泳池很晚才关门，倘若你晚饭后去泳池，就能看到一些小孩和成年人穿着睡衣离开泳池。孩子们在泳池疯玩了一晚，到家后肯定倒头就睡。

一起去泡澡吧

　　冰岛泳池的水 24 小时循环过滤，水质极佳。和其他国家的泳池不同的是，冰岛泳池极少使用氯气消毒。因此，就算你在家洗过澡，进入泳池前也务必在更衣室里洗澡。部分游客觉得在公共浴室全身赤裸洗澡难为情，不用担心，冰岛人才没闲工夫看你身材好不好，他们只关心你进泳池前是否洗好澡了。

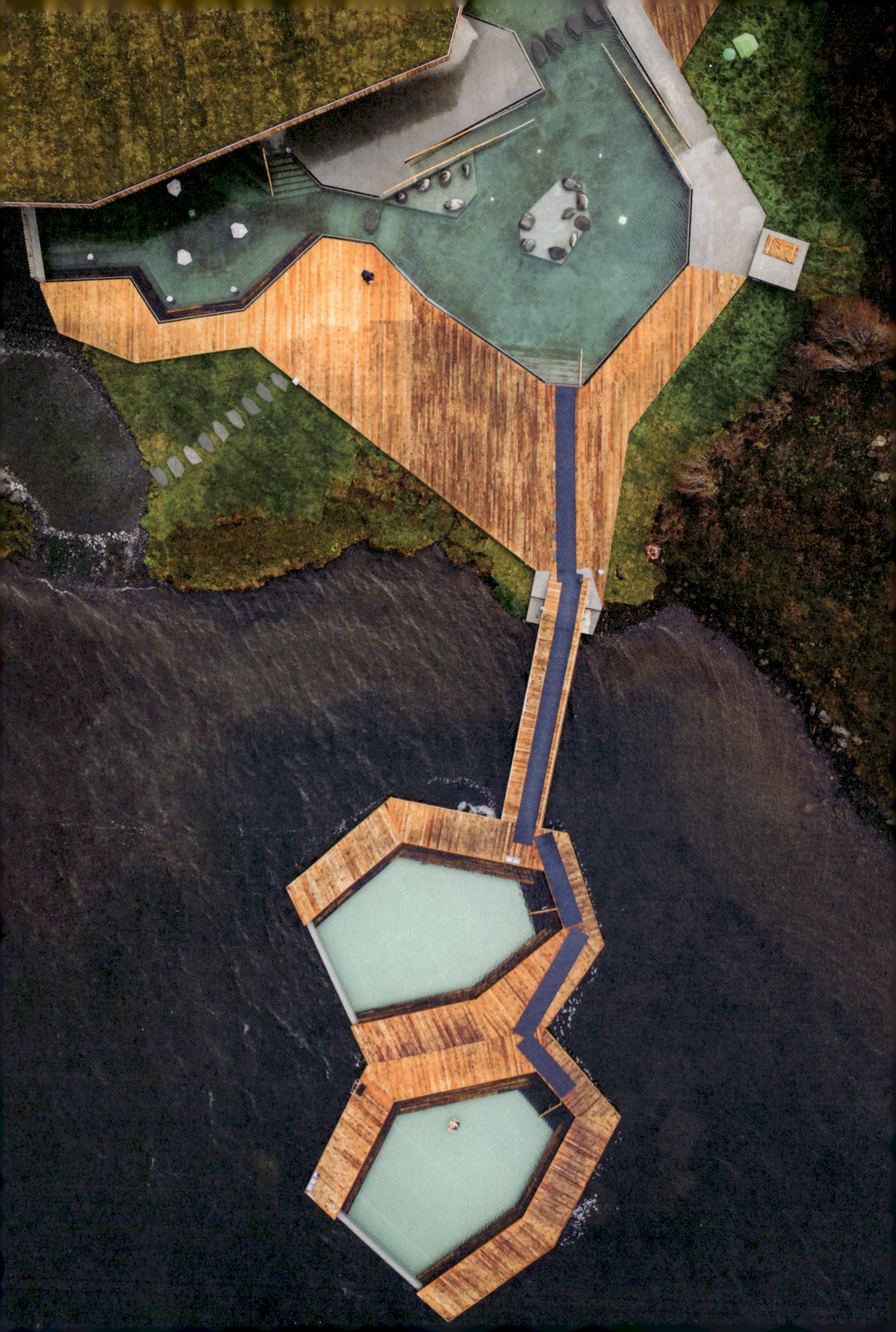

冰岛人从小就习惯了在公共浴室洗澡，知道人的肤色、高矮、胖瘦各异，也更能尊重个体差异。

如何完美融入冰岛的泳池文化

- 脱掉所有衣服和鞋子，将其放入储物柜。

- 先不要马上穿泳衣。带上毛巾、洗发水和泳衣去淋浴间，如果你打算游泳，还要带上泳镜。

- 将毛巾放在指定区域。

- 用免费的洗浴用品洗个澡。请按照淋浴间提示，洗头、腋窝、下体和脚。

- 洗完后，穿上泳衣，就可以去游泳或温泉泡澡。

- 进入温泉坐下后，可以和旁边的人用冰岛语"Góðan daginn"（"你好"）打个招呼。

- 如果旁边的人正聊得起劲，你可以点头示意，偶尔说"þetta reddast"（"一切都会好的"）和"jæja"（"原来如此"），照我说的做，你绝对会有意外惊喜。

- 离开泳池前还要洗一次澡，用不用沐浴露都可以，但千万不能在淋浴间剃体毛。

- 沐浴后去指定区域擦干身体，以免弄湿更衣室。

- 回到更衣室后最好吹干头发，尤其在天气很冷的时候。

- 从泳池出来后去吃热狗和冰激凌，泳池附近一般都有热狗摊和冰激凌店。

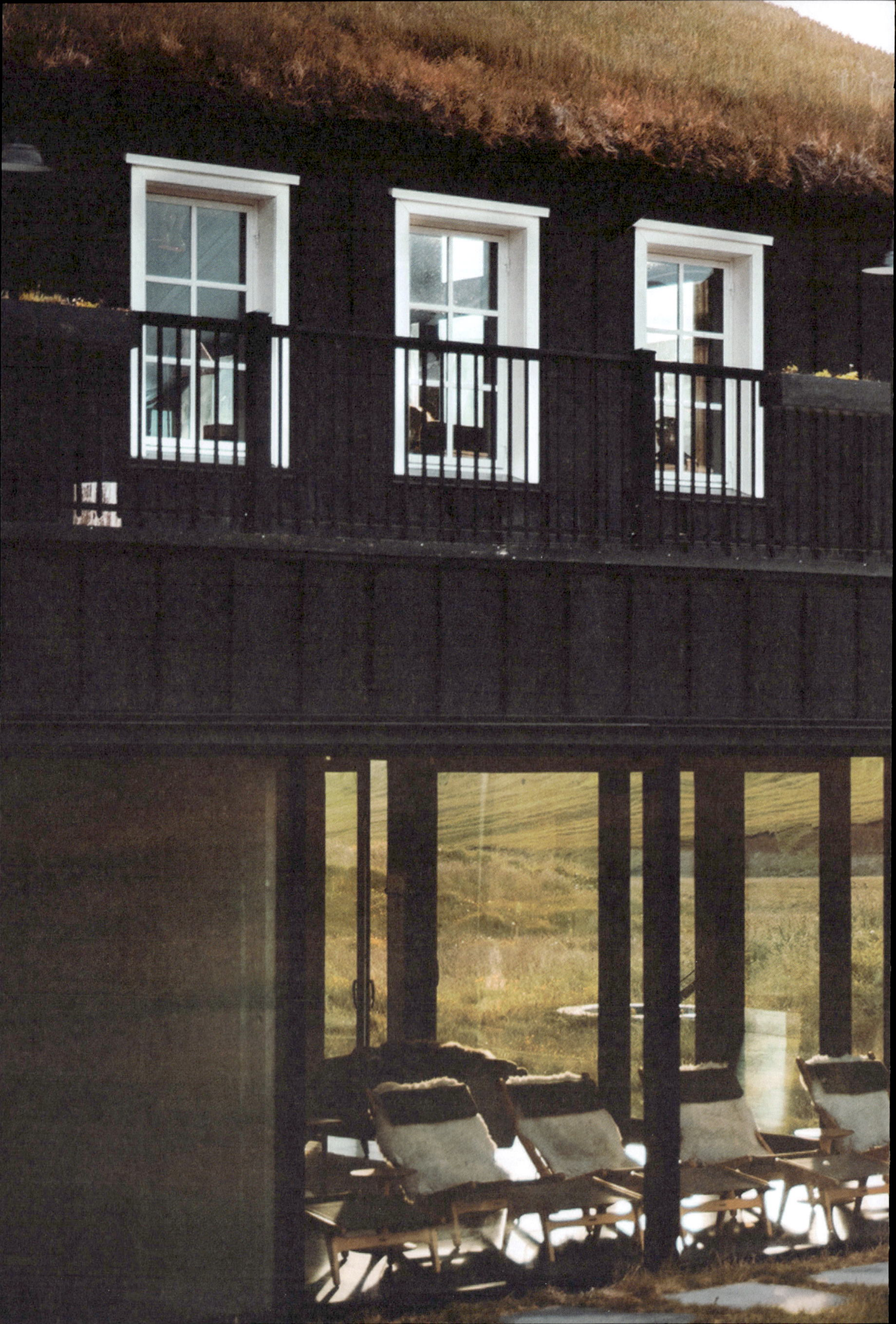

玩在冰岛(室内)

窗外天气

在冰岛，无论天气如何，人们都会出门工作和娱乐。然而，因为气候恶劣，冰岛人大部分时间还是待在室内。冰岛房屋抗震等级高，屋内 24 小时供暖和供电，网速在全世界都遥遥领先。因此，冰岛人更愿意待在屋内，披着毛毯，欣赏窗外瞬息万变的天气。

家是温暖的港湾

对冰岛人来说，家是温暖的港湾，而非封闭且孤立的空间。冰岛的住宅通常是开放式的，前门敞开，以便孩子出入。窗户不安百叶窗，窗帘通常拉到最边上，以确保房子最大程度的采光。在冰岛，未提前告知亲友突然登门拜访是无伤大雅的，冰岛人经常临时邀请亲朋好友喝咖啡或共进晚餐。来访时一定要记着：进屋脱鞋。你可以不请自来，但是如果连鞋都不脱，那就有失礼节。

冰岛人很爱自己的家，每年都尽心竭力地装饰住所，很多人的爱好就是室内设计和家居装修。不少冰岛电视节目和杂志特别关注设计板块，主流社交媒体上也都是时尚家居的照片。冰岛的气候条件恶劣，因此你很难找到修剪完美的草坪和整齐的树篱，它们或多或少都会被风吹得东倒西歪。但你若进入冰岛人的家中，就会惊叹不已，原来室内别有洞天。

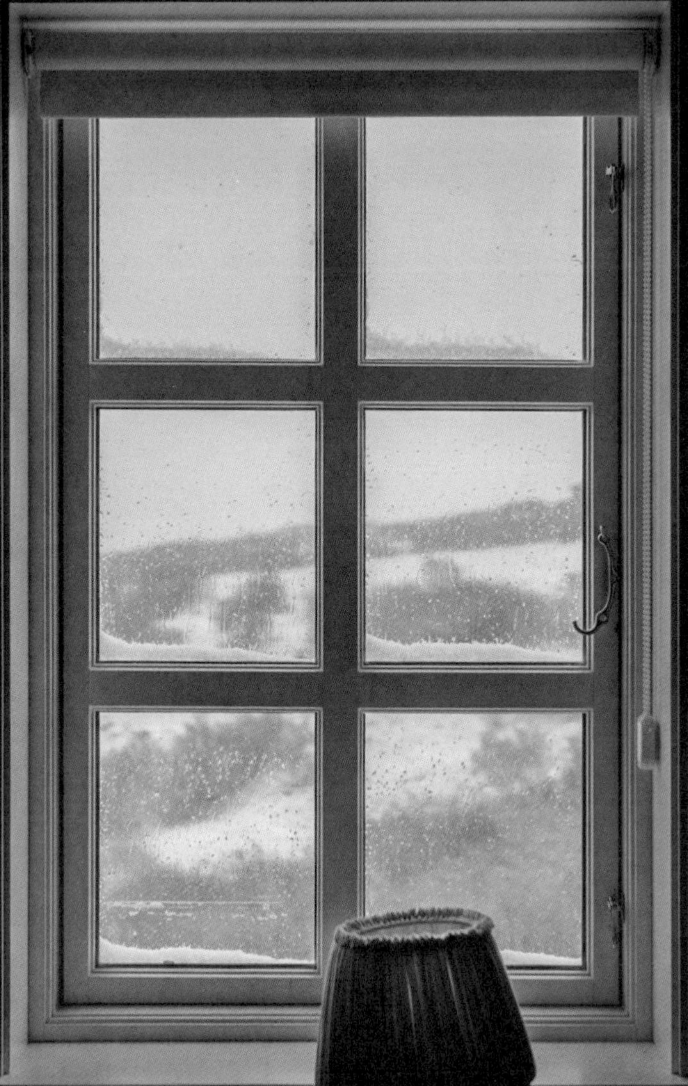

玩在冰岛（室内）

做到这10点，你的家也能轻松拥有"冰岛风"

1. 暖气调至舒适的温度，打开所有窗户，保证空气流通，然后打开屋里所有的灯。

2. 窗外最好是海景，如果还有雄伟的山脉做点缀，那就更棒了！

3. 即使屋里没有很多浴室，也一定要在花园安一个浴池。

4. 厨房要足够大，能开派对，或至少能让你和朋友有空间促膝长谈。

5. 房屋涂成浅色（可能有几面墙是灰色），可以买北欧20世纪中期的极简风家具，再添置些宜家家居的家具即可。

6. 在极简主义的基础上增添温馨的装饰，如羊毛或羊皮地毯、保暖的毛毯和靠垫。然后点很多蜡烛。

7. 融合新旧元素。比如保留祖父的老扶手椅和家族传下来的银器。

8. 在墙上挂原创艺术品，最好是和你有私交的艺术家作品，或祖传艺术品。

9. 书架上摆满书，但也要买台大电视。

10. 与时俱进，关注最新潮流。年长的冰岛人一看到餐桌上花瓶的做工，就知道它哪年产的。

补充一点：家里至少要摆一个有姆明图案的马克杯。虽然这个卡通角色来自芬兰，但冰岛人非常喜欢它！

冰岛人的
度假屋

离开雷克雅未克，驱车约 1 小时，你就能看到五颜六色的小木屋，点缀着朝南的山坡。这些房子往往距离很近，看起来像村庄，其实不然。这些是冰岛人的度假屋。住在市区的冰岛人，常在天气好的周末或休假时，远离城市的喧嚣，到郊区度假屋住上几日。

冰岛有很多度假别墅，但并不是家家户户都有自己的度假屋，多数大家庭或朋友之间共享一栋度假屋。大多数工会和协会也有度假屋，会员可以以低价租到度假屋，这样大多数冰岛家庭都能住上度假屋。

冰岛人与亲朋好友去度假屋，主要是为了放松身心，比如泡澡、吃烧烤、玩桌游、阅读，或者只为了"枕"着风中白桦树的沙沙作响声入眠。冰岛人到郊外徒步、旅行和运动，也都会选择住在度假屋。

其他国家的度假屋一般只有基础设施，而冰岛的度假屋往往配备齐全，有可饮用自来水、稳定供电，还有良好网络。高档度假屋还带温泉浴缸，浴缸一般安在度假屋外阳光最充足、风最小的一边。多数度假屋装饰极简，相比追求潮流设计，冰岛人更注重温馨感和舒适感。

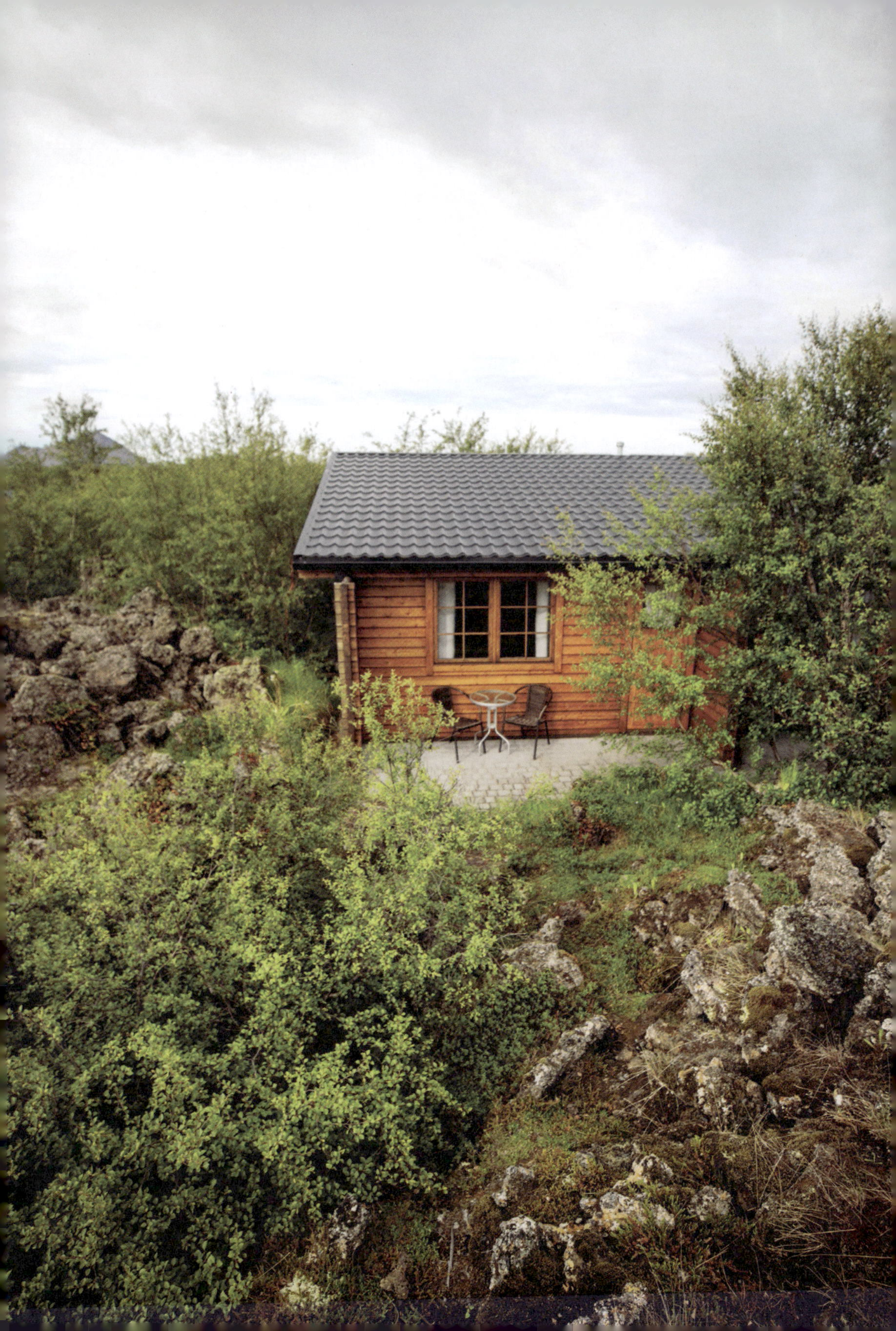

缝纫
俱乐部

绝大多数冰岛女性都是"缝纫俱乐部"的会员。30 岁以下的女性可能不会把她们的团体叫"缝纫俱乐部",但性质大同小异。

20 世纪初,缝纫俱乐部开始流行起来,那时冰岛人大规模从农村迁往城镇。缝纫俱乐部成为冰岛女性社交的平台,她们可以和老乡、新来城里的人交流,还会带上缝纫和编织工具,一边聊天一边做手工。20 世纪 70 年代,反对这种社交的呼声越来越高,很多人抱怨这种做法已经过时,女性不应打着做手工的幌子来聚会。然而过去几十年,尽管女性在家庭内外的角色发生重大转变,缝纫俱乐部仍然存在。

大多数俱乐部都由一小群女性组成,她们从小就是朋友,成年后除了在同一所缝纫俱乐部,就没有其他共同点了。俱乐部里有各行各业的女性会员,就像小型社会。在俱乐部,一位公司总裁的好姐妹可能是老师、秘书、农场主和歌剧演员,她们之所以能成为好朋友,只因 10 岁时都是同班同学。俱乐部会员的情谊坚不可摧,这给俱乐部的女性提供了实实在在的情感支持。传统的缝纫俱乐部会议几乎不涉及缝纫工作,就算有,也微不足道。

一些俱乐部热衷于体育活动,会员们会一起跑步或远足,或者在某位会员的度假屋度过周末。更多时候,她们会来到一位会员的家中聚会,享受晚餐或小吃,这个时候,主人就会试试新菜谱。聚会中,她们畅所欲言,有时候甚至聊到深夜。回家后她们便重新振作起来,准备迎接日常生活中的琐事。

152 ✳ 153

编织

冰岛人热衷编织。16世纪，冰岛人引进编织技术，直到19世纪末，羊毛织品都是冰岛的主要出口商品。许多冰岛家庭以编织为生，在没有农活的漫长冬季，全家都会一起编织。

如今，冰岛人不再靠编织维持生计，但他们还是很喜欢编织。编织技巧代代相传，每个孩子都会在学校学习编织方法。冰岛孩子出生时，无一例外会收到手编的礼物，即使是那些不擅长编织的准父母，也会为孩子织一条毛毯。父母一般会尽心尽力地为新生儿编织"欢迎回家套装"，包括连体衣（或毛衣和裤子）、帽子、手套和袜子，新生儿第一次回家时就能穿上该套装。

每到危机时期，编织就会流行起来。2008年金融危机爆发后，冰岛的毛线销量猛增，线上编织互助群应运而生。显然，编织作为危机的应对方式是有道理的，其镇定效果堪比瑜伽和冥想，不仅情绪稳定了，还能收获一件新衣物，可谓一举两得。

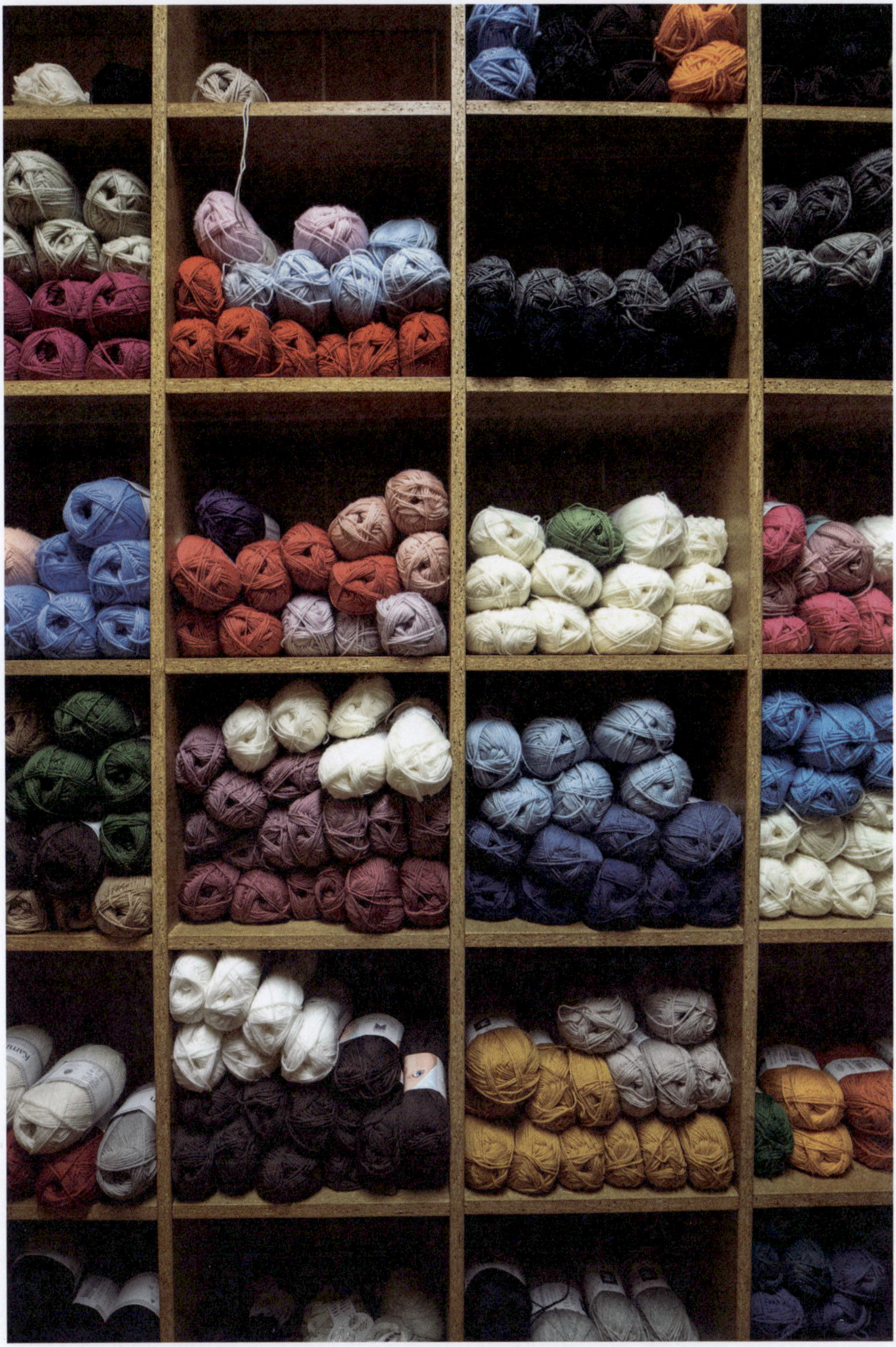

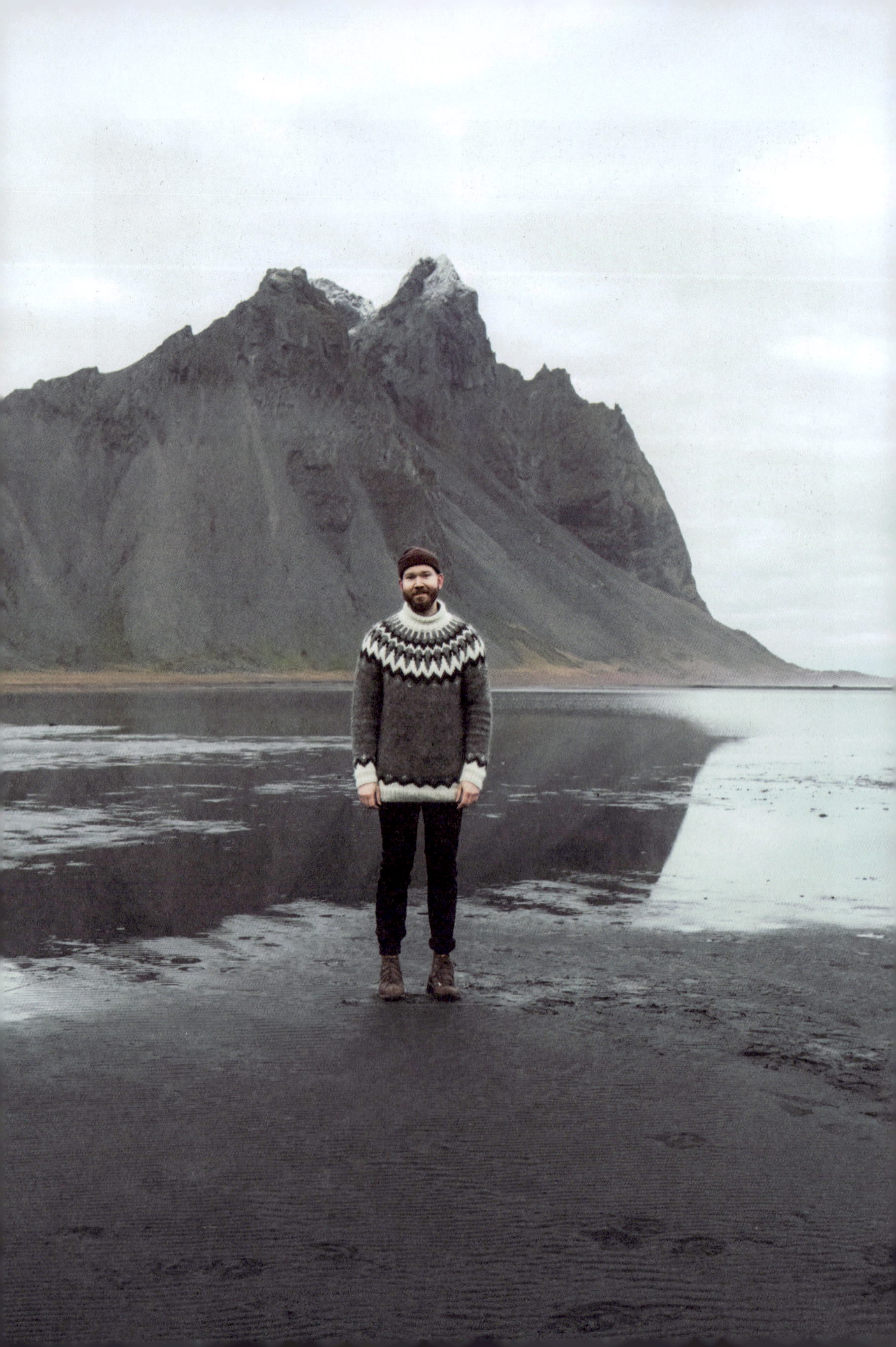

冰岛毛衣

冰岛毛衣是冰岛最有代表性的特产，毛衣由温暖又防水的冰岛羊毛制成，毛衣领口有独特的圆形图案。冰岛人人手一件羊毛毛衣。它很耐穿，一件毛衣可以穿一辈子，每年数以万计的游客都会买这种毛衣。

然而，有人认为织冰岛毛衣并非冰岛的传统。一来20世纪中期，冰岛毛衣的制作方法和设计才出现，当时圆形针织针问世，独特图案的冰岛毛衣也应运而生；二来冰岛毛衣图案设计的起源也存在争议，有人说它源自格陵兰岛，因格陵兰岛的传统服装和冰岛毛衣领口图案类似。不管图案设计起源何处，冰岛毛衣已成为冰岛文化不可或缺的一部分。

近几年，或许因为冰岛毛衣代表着简单质朴和返璞归真的生活方式，再加上旅游业的蓬勃发展，手工毛衣热席卷冰岛。有趣的是，由于冰岛本地的手工毛衣供不应求，冰岛本地商店将冰岛羊毛运到中国织好后再运回冰岛，并贴上"冰岛羊毛手工制作"的标签。如果你想买100%本地手工毛衣，可找有"冰岛手工编织协会"标签的毛衣。

和冰岛人
一起唱歌吧

在冰岛人的庆祝活动中，经常会有人突然开始唱歌，接着所有人都跟着唱，有意思的是，每个人都知道歌词。

冰岛约有 1 万名成员活跃于 300 支业余合唱团。这些合唱团包括教堂合唱团、福音合唱团、学校合唱团、工作单位合唱团、协会合唱团、地区和社区合唱团、老年人合唱团、女子合唱团和男子合唱团，甚至还有个"丑八怪"合唱团，以及由雷克雅未克一家酒吧的常客组成的合唱团。这些合唱团涵盖各种音乐流派，包括歌剧、古典音乐、宗教音乐、民间音乐、流行音乐和摇滚乐。

冰岛人太喜欢合唱了，在海外定居的冰岛人，只要能凑齐 20 人，就会组个合唱团。西班牙加纳利群岛上有个冰岛人社区，社区大部分成员是退休的冰岛人，他们离开冬天寒冷的冰岛，飞到这里享受阳光。每周有超过 200 名冰岛人相聚于此，唱热门冰岛歌曲。

虽然冰岛人喜欢唱歌，但千万不要随便拉一个冰岛人，让他唱冰岛国歌给你听。他们要么面露难色，要么就糊弄你，唱完全不搭边的歌，唱完一本正经地告诉你：这就是国歌。冰岛国歌《赞美歌》因演唱难度极高而闻名，不仅长，音域还极广。除非你是唱《泰坦尼克号》主题曲《我心永恒》的歌手席琳·迪翁，不然得有一个完整的合唱团才能唱好国歌。每隔几年，都有冰岛人提议用更简单的曲子取代现有的国歌，大多数冰岛人也同意这一提议。但"用哪首歌曲替代国歌"这个问题，冰岛人到现在还未下定论。

社区
剧院

　　冰岛的社区剧院历史悠久且人气很高。据记载，19 世纪末，冰岛总人口只有约 7 万人，但有约 50 个村庄和小镇的剧院门庭若市。去剧院看演出是当时冰岛人茶余饭后的消遣活动。

　　如今，冰岛的文娱活动丰富多彩。但冰岛人，尤其是不住在首都的人，还是热衷于去社区剧院。每年，社区剧院上演约 80 部戏剧和音乐剧。

　　社区剧院规模虽然不大，但雄心勃勃。2019 年，在冰岛西北部一座人口只有 1200 人的市镇——西胡纳辛（Húnaþing vestra），剧院团体上演了恢宏巨制的音乐剧《毛发》，约 50 名当地演员、歌手和音乐家参演。据记载，他们当时售出 1000 张门票！该制作荣获年度业余剧院奖最佳剧目奖，获奖之后，剧组还受邀前往雷克雅未克国家剧院主舞台演出。

室内体育运动

冰岛人喜欢室内体育活动。这不难理解，冰岛天气变幻莫测，坏天气会让原本计划的户外活动泡汤。虽然场地受限，但冰岛人在体育运动方面取得的成绩也让全世界刮目相看。

足球

虽然足球不是室内运动，但许多人认为正是因为冰岛足球从户外运动改为室内运动，近年来冰岛足球才能成绩辉煌。21世纪初，足球俱乐部和地方政府合作，在全国各地建室内足球场。足球场恒温，设备齐全，面向公众开放，并有专业教练为各年龄段儿童提供培训。在漫长冬季，冰岛人可以不用先铲除球场上的积雪就开始足球训练，这简直是革命性的变化。

手球

在冰岛足球崭露头角前，冰岛手球就已闻名遐迩了。数十年来，冰岛手球队取得的成绩在全世界名列前茅。冰岛手球队曾在2008年北京奥运会上荣获银牌，在2010年欧洲男子手球锦标赛中荣获铜牌。如果你问冰岛的国民运动是什么，那应该是手球，毕竟有近8000名冰岛人积极参加手球比赛。

混合健身

混合健身是结合举重、跑步、划船等运动的高强度间歇训练，在冰岛很火，每周有数千人在健身房大汗淋漓地进行这种训练。冰岛女性在混合健身方面表现出色，近年来在国际赛事中多次取得傲人成绩。混合健身比赛中，一位来自冰岛的女选手已4次荣获"全球最强者"的荣誉称号。为表敬意，混合健身比赛组委会还专门以dóttir（冰岛语"女儿"的意思）命名一项新训练计划。

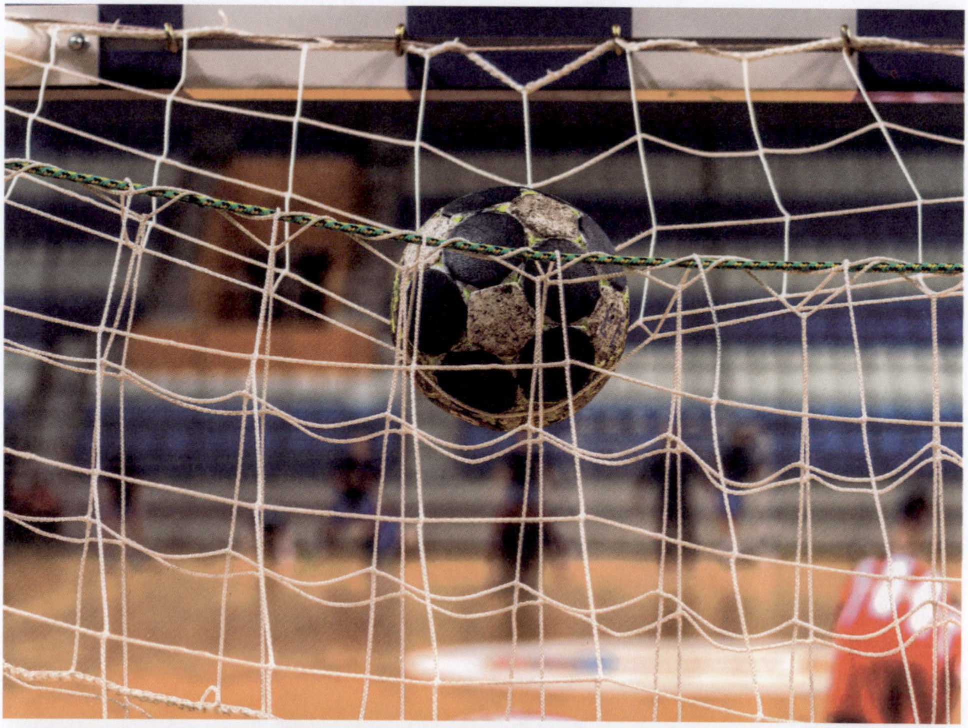

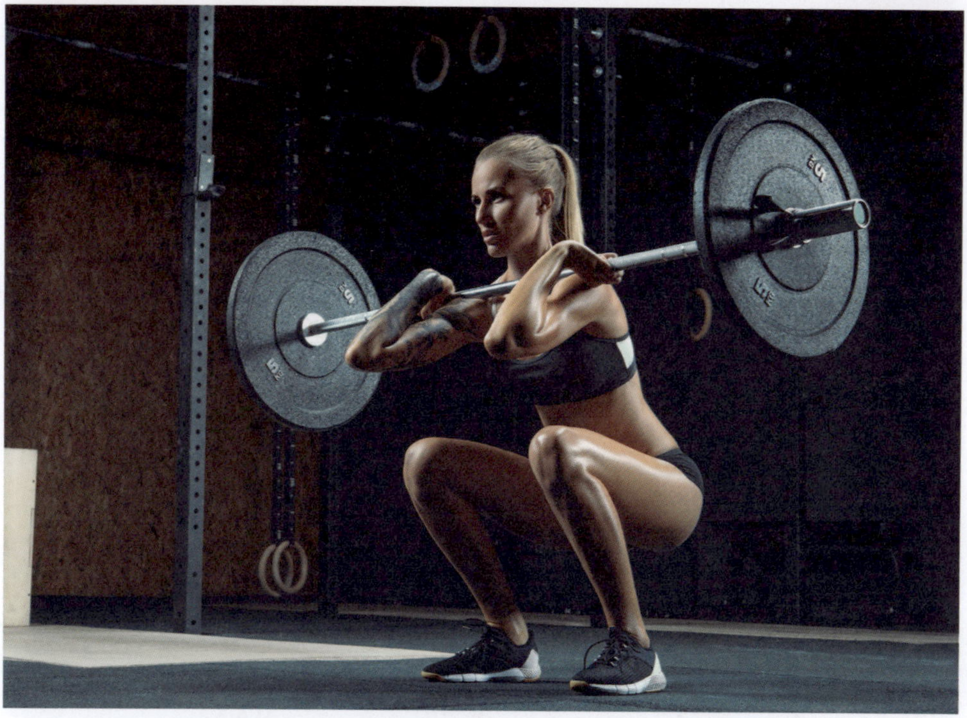

国际象棋

国际象棋是一项运动还是一种艺术形式仍存在争议,几十年来,它曾是冰岛人在国际上取得卓越成就的唯一竞技活动。20 世纪七八十年代,冰岛国际象棋选手在国际锦标赛上表现出色,选手们被誉为民族英雄。1972 年,世界国际象棋锦标赛决赛于雷克雅未克举行,美国选手鲍比·费舍尔和苏联选手鲍里斯·斯帕斯基角逐冠军宝座。当时冷战正处于白热化阶段,美国与苏联两国的较量成为国际新闻事件,冰岛首次成为全球瞩目的焦点,全冰岛也掀起一波国际象棋热潮。

如今,冰岛人对国际象棋兴趣略减,冰岛电视台也不会在黄金时段播放国际象棋比赛,但全国各地仍然有几十家针对各年龄段人群的国际象棋俱乐部。

电子游戏

2019 年的一项研究表明，冰岛年轻人基本都玩电子游戏，其中有三分之二的年轻人经常玩游戏。这些数据可能和其他国家的数据大同小异。但近年来，冰岛人将电子游戏重新定义为有组织的运动和社交活动，旨在帮助青少年走出卧室，去有教练监督，以及可与他人互动和竞技的俱乐部玩电子游戏。当地体育俱乐部大力支持这一行动，冰岛各地很快涌现出组织有序的游戏俱乐部，这些俱乐部吸引了许多对传统体育不感兴趣的年轻人。

以上列举的体育运动仅是冰岛最具代表性的体育运动，反映了大部分冰岛人的运动喜好。有人说，冰岛人最爱的室内运动可能是阅读，论阅读热情，全世界应该没有哪个国家比得过冰岛。

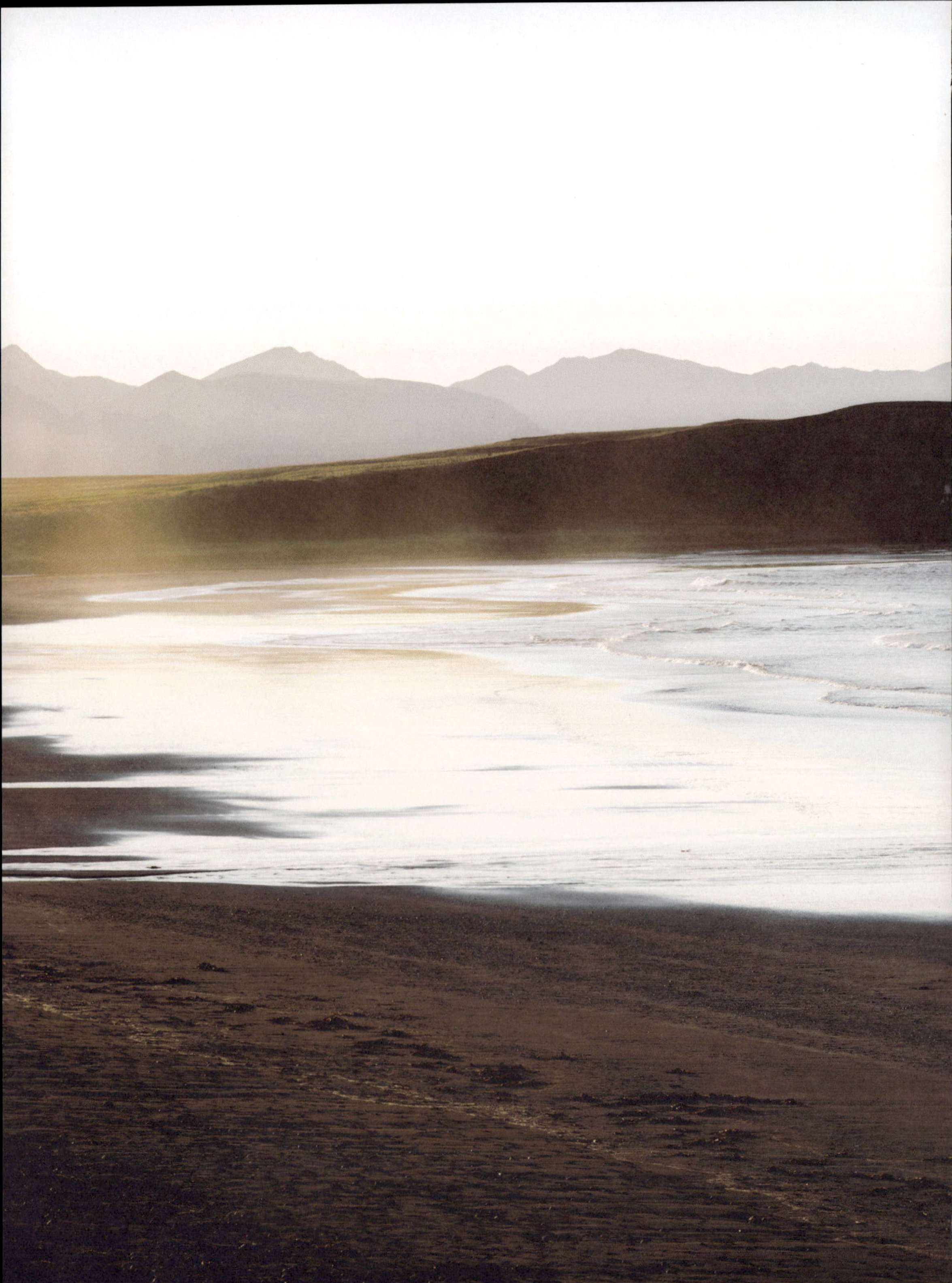

家庭生活和人生大事

出生

冰岛婴儿出生时体重一般超过 7 斤,比欧洲新生儿的平均体重略重。通常情况下,产妇会在医院或产科中心分娩,受过专业培训的助产士将参与分娩,仅有不到五分之一的产妇需剖宫产,或助产士协助分娩。在冰岛,产妇很少需要医疗干预,大多可自然分娩。如果没有并发症,产妇和新生儿只需留院观察一晚,有些产妇甚至生完孩子当天就可以回家。

父母一般不会马上给孩子取名,而是更多地了解孩子的性格后再取名。根据冰岛法律规定,父母甚至可以等 6 个月再给孩子取名。取名前,官方文件中孩子的名字一栏只有:男孩或女孩。

在冰岛,未婚先孕很常见,很多生头胎的冰岛人都不到 30 岁。一般来说,冰岛人至少会生两胎。在西方国家,平均每个家庭有 2.4 个孩子,即"核心家庭"。但在冰岛,"核心家庭"的概念不存在。孩子 1 岁前,父母利用 12 个月的育儿假期带孩子。白天,无论天气如何,父母都会将孩子放在户外的婴儿车。育儿假期结束后,父母就雇保姆照顾孩子。孩子 2 岁左右就能去幼儿园,在那里度过 4~5 年。不管天气如何,孩子都会在户外撒欢,浑身都是泥巴和鼻涕也无所谓。正因如此,冰岛孩子基本可以顺利度过 5 岁前的危险期,并且预期寿命高达 83 岁。

追根溯源

冰岛人初次见面时很可能会问对方:"你老家是哪里?"在冰岛,姓氏通常不会代代相传,所以冰岛人只能通过这个问题来确定你和他是否沾亲带故。

冰岛人很看重家谱,并不是担心近亲结婚,而是他们想知道彼此是否沾亲带故,也想知道祖先是不是同一个人。书店和图书馆摆满了家族历史相关书籍,冰岛人常在周末参加大型家族聚会。只要沾亲带故,冰岛人就会叫对方"姑妈"或"叔叔"。这两个词和英语中的"朋友"词根一致,也可指代任何和你有亲缘关系的人。

详细的教会记录、人口普查以及可以追溯近千年前的家族档案使追根溯源成为可能。近年来,冰岛人能通过网页"冰岛人之书"查到家谱,"冰岛人之书"是一家生物技术公司创建的数据库,记录了所有曾生活在冰岛的冰岛人家谱。冰岛第一批定居者英格尔夫·阿尔纳尔松和妻子海尔维格·弗罗扎多蒂尔,正是本书作者的 30 代直系祖先。

起名传统

冰岛人名有别于其他西方国家使用的家族姓氏，遵循以父名为姓的习俗（也有以母名为姓的情况），所以冰岛人名的姓氏显示的是父亲或母亲的名字，而不是家族的名字。

儿子和女儿

冰岛男性的姓氏后缀为"松"（意为"之子"），女性的姓氏后缀为"多蒂尔"（意为"之女"）。例如，冰岛首位女总统是维格迪丝·芬博阿多蒂尔，姓氏意为"芬博阿之女"，她父亲的名字是芬博阿。虽然在冰岛"以父之名"仍最常见，但越来越多的冰岛人开始使用母名，有些冰岛人甚至同时使用父名和母名取名。例如，雷克雅未克市长的姓名为达古尔·贝尔格索尔吕松·埃格特松，意为母亲贝尔格索尔吕与父亲埃格特之子。此外，2019 年，冰岛通过的新法案允许冰岛人使用无性别指示的后缀"布尔"（意为"的孩子"）。

姓氏

仅有约 4% 的冰岛人有家族姓氏，他们要么父母一方是外国人，要么沿用了 1925 年前的家族姓氏。1925 年以前，冰岛法律允许冰岛人用家族姓氏。著名冰岛作家哈尔多尔·拉克斯内斯就是典型的例子。他出生时叫哈尔多尔·格维兹永松，后将姓氏改为拉克斯内斯，以纪念陪伴他成长的农场。由于没有家族姓氏，冰岛人通常会用家庭成员，一般是祖父母的名字给孩子取名。一个冰岛大家族有好几代冰岛人同名同姓，这也不是什么稀奇的事。

冰岛女性不随夫姓，除非家里有多个孩子，否则冰岛家庭成员的姓氏各不相同。冰岛父母带孩子出国旅行时，常迫不得已地向一头雾水的移民官和酒店前台工作人员详细解释冰岛人名的命名习惯。

家庭生活和人生大事

在冰岛，姓氏的重要性不可小觑

冰岛父母给孩子取名时，只能从经过政府批准的名单上选名。截至 2022 年，该名单有 1800 多个女性名字和 1700 多个男性名字可供选择，每年还会增加一些新名字。这些名字必须满足冰岛语的语音和拼写规则，因此部分外国名字可能无法列入该名单。父母可使用名单外的名字，但需向命名委员会提交请求。如果名字符合冰岛语的语法规则，就能获得批准。

冰岛的命名传统会带来一些有趣的文化影响。无论你是警察、小学老师还是总统，冰岛人都会直接叫你的名字。所有名单都按名字的字母顺序排列（中间名和职业附加在名字后，以免混淆），这体现了冰岛社会的平等文化。一视同仁、直呼其名的文化使冰岛社会更为平等，凝聚力更强。

给自己取一个冰岛名

假如你的现用名为：乔治·温瑟

第一步：你的名字是否在命名委员会的名单上？如果你的名字是乔治，那你很幸运，因为最近这个名字可以使用。

第二步：你的父母名字是什么？他们的名字是否在名单上？比如你父亲叫威廉，母亲叫凯瑟琳，他们在冰岛语中分别为威廉姆和卡特琳，这两个名字也在名单上。

第三步：你想使用父亲的名字还是母亲的名字？这次来试试母系的名字。

现在，你拥有了冰岛名：乔治·卡特琳娜松。

常见的冰岛人名

（以下为命名委员会批准的名字）

男性常用名

波耶（Bogi）：弓

达古尔（Dagur）：白天

艾兰度（Erlendur）：外国

哈福恩（Hrafn）：渡鸦

约库（Jökull）：冰川

奥杜尔（Oddur）：刀尖

欧飞格尔（Ófeigur）：不朽

司格杜尔（Skjöldur）：盾牌

斯特姆尔（Stormur）：风暴

索尔斯特因（Þorsteinn）：雷神索尔之石

奥恩（Örn）：鹰

奥娃尔（Örvar）：箭

女性常用名

阿尔达（Alda）：波浪

碧塔（Birta）：明亮

福恩（Fönn）：雪

格洛（Gló）：火花

黑杜尔（Heiður）：荣耀

海克拉（Hekla）：冰岛著名火山

胡达（Hulda）：小精灵

伊姆尔（Ilmur）：香气

伊世（Ísey）：冰封的小岛

丽芙（Líf）：生命

洛阿（Lóa）：金鸻

奥斯克（Ósk）：希望

思古蒂斯（Sigurdís）：胜利女神

思奈若斯（Snærós）：雪玫瑰

索蕾（Sóley）：毛茛

思特英伯格（Steinbjörg）：岩石救赎

乌格拉（Ugla）：猫头鹰

中性常用名

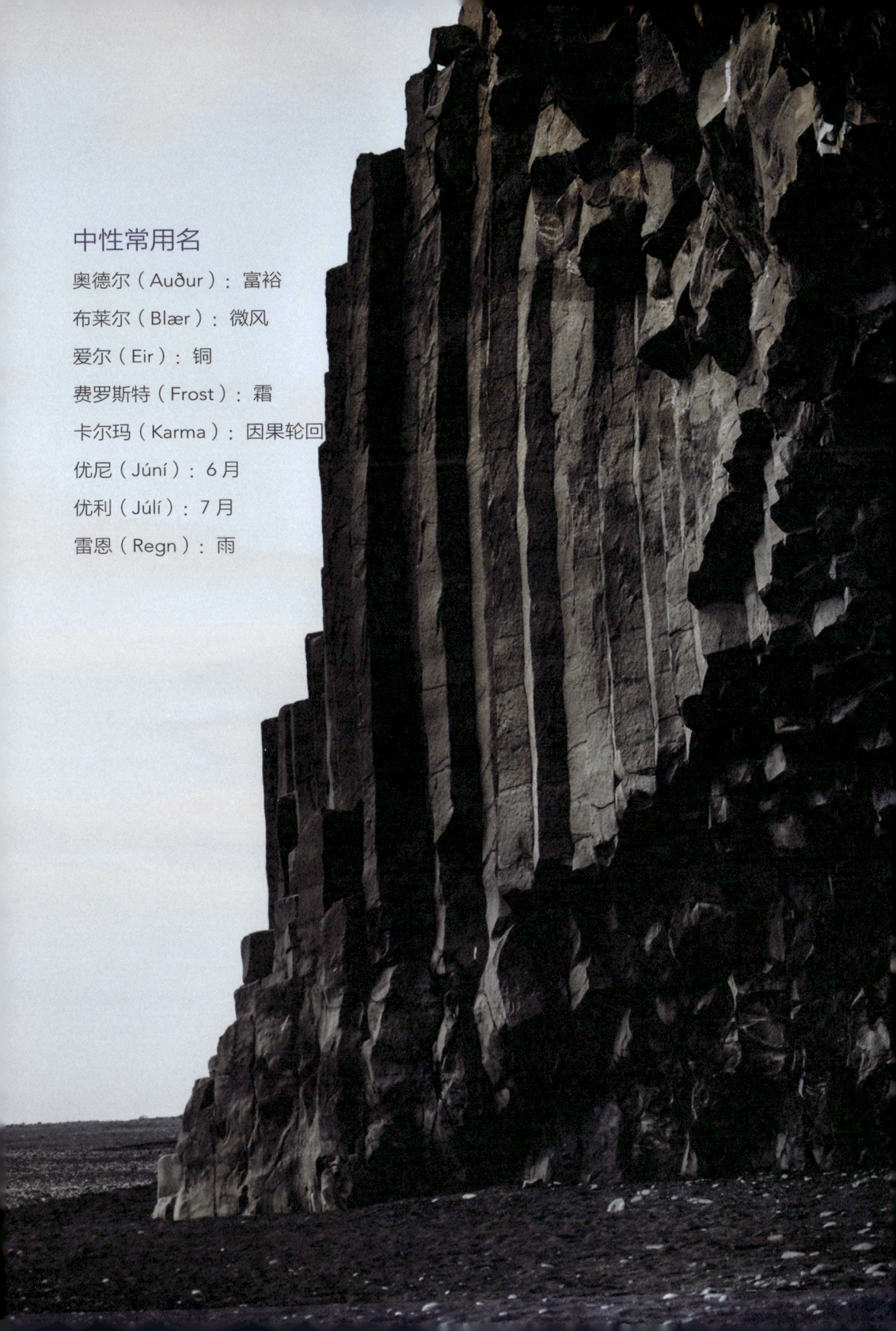

奥德尔（Auður）：富裕
布莱尔（Blær）：微风
爱尔（Eir）：铜
费罗斯特（Frost）：霜
卡尔玛（Karma）：因果轮回
优尼（Júní）：6月
优利（Júlí）：7月
雷恩（Regn）：雨

冰岛人
无忧无虑的
童年

冰岛人的童年，用一个词来概括就是"自由"。在冰岛，经常可以看到年龄很小的孩子独自出门，在家附近快乐地溜达。

冰岛人6岁开始念小学，同龄孩子都会分在一个班。13岁时，他们要么直升本校初中部，要么转去另一所中学读书。几乎所有冰岛孩子都会上由当地政府管理的本地学校。冰岛孩子在校不仅学习书本知识，还会学习编织、缝纫、纺织、木工、烹饪和游泳。6～15岁的学生会定期上游泳课，还需通过游泳考试。

住在城市的孩子大多住学校附近，7岁开始，孩子每天早上自己走路上学，冬天也不例外。偶尔遇到极端天气，学校会要求家长来接孩子，因极端天气而停学的例子屈指可数。冰岛人知道不管天气多恶劣，生活还是要继续。冰岛人有时看到国外大城市因降雪量过大而陷入瘫痪的新闻会忍俊不禁，因为那种坏天气在冰岛不算什么。

放学后，10岁以下的孩子可以参加课后托管班，10岁以上的孩子就各回各家，等父母下班回来。家里的长辈，尤其是祖父母，经常帮忙照顾孩子。但还是有许多八九岁的孩子每天独自在家几小时。

冰岛社会非常安全，父母都在工作时，孩子们就自行安排课余生活。夏天，孩子们出门骑自行车或玩滑板车，一玩就是一整天，去海滩、树林和公园撒欢，路过别人家的花园时采点野花，或在蹦床上蹦个痛快。

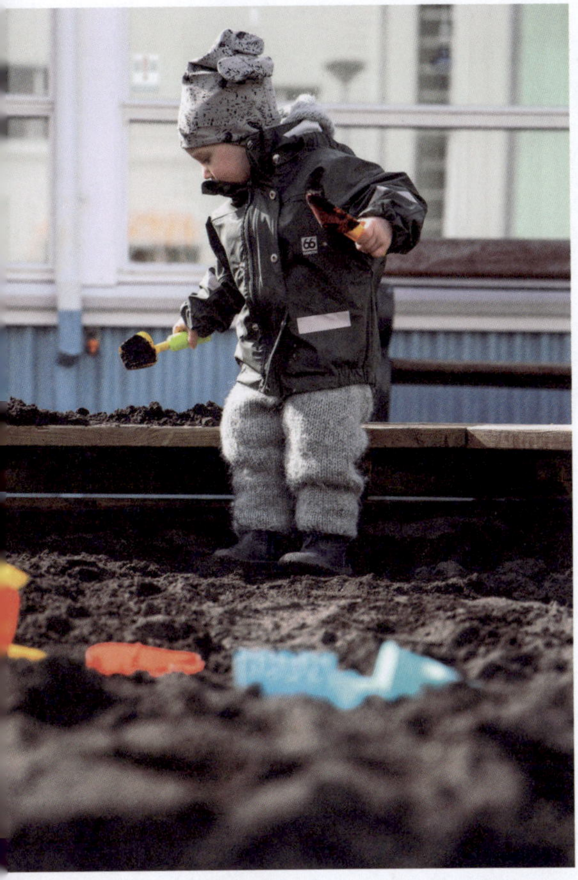

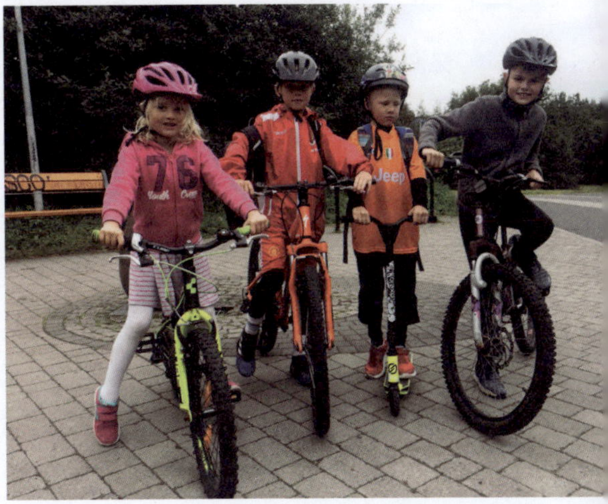
76
Jeep

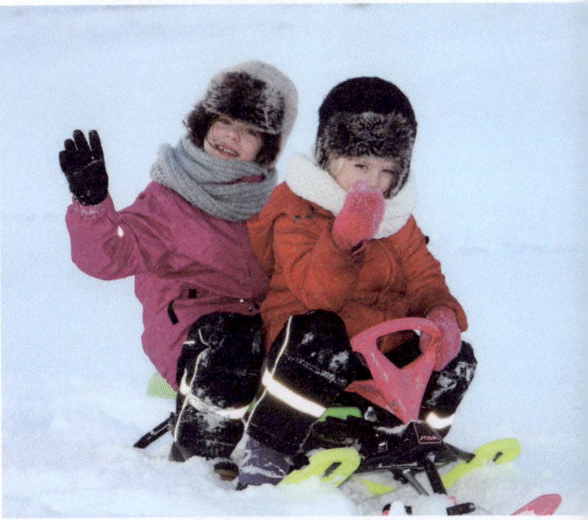

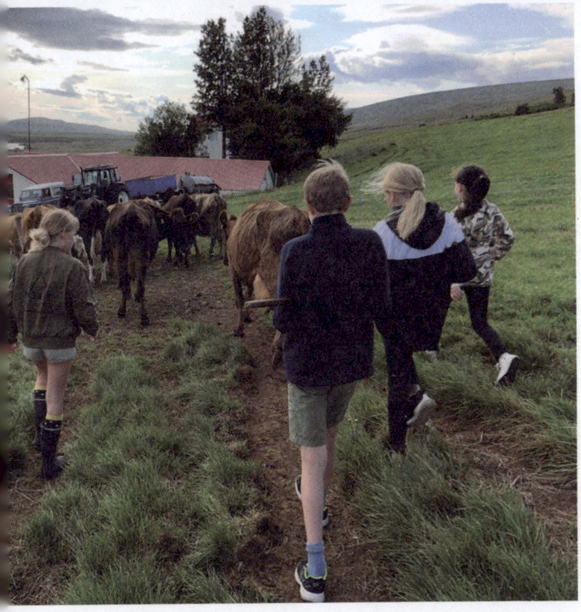

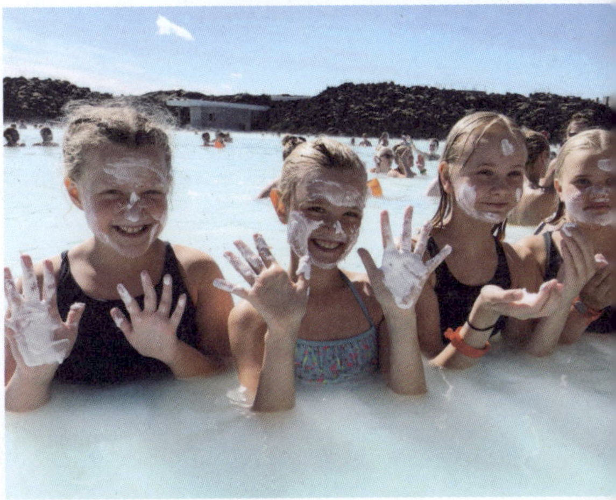

冰岛城镇和社区都有体育运动俱乐部，对各年龄段人群开放。俱乐部有足球、手球、游泳、田径、篮球、排球、网球、羽毛球、乒乓球、空手道和滑雪等运动项目，设施先进齐全，运动教练训练有素。这就是冰岛在国际体育赛事中，尤其是足球和手球比赛，取得成功的秘诀。许多孩子课后还学音乐、舞蹈和话剧，他们放学后会和朋友结伴去上课。正因为自由，冰岛孩子从小就相当独立，他们会自己规划好每天下午2点以后的课后生活。

　　如果到了饭点，孩子还没回家，父母就发短信问孩子朋友的家长："我的孩子在你家玩吗？"偶尔，父母也会直接站门口大喊："吃饭啦！"叫孩子们回家吃饭。冰岛纬度高，夏天晚上天不黑。晚餐后，孩子可以接着出去玩。不到12岁的孩子经常在外面玩到晚上10点或更晚才回家。根据规定，16岁以下的青少年可以在外面玩到半夜。

家庭生活和人生大事

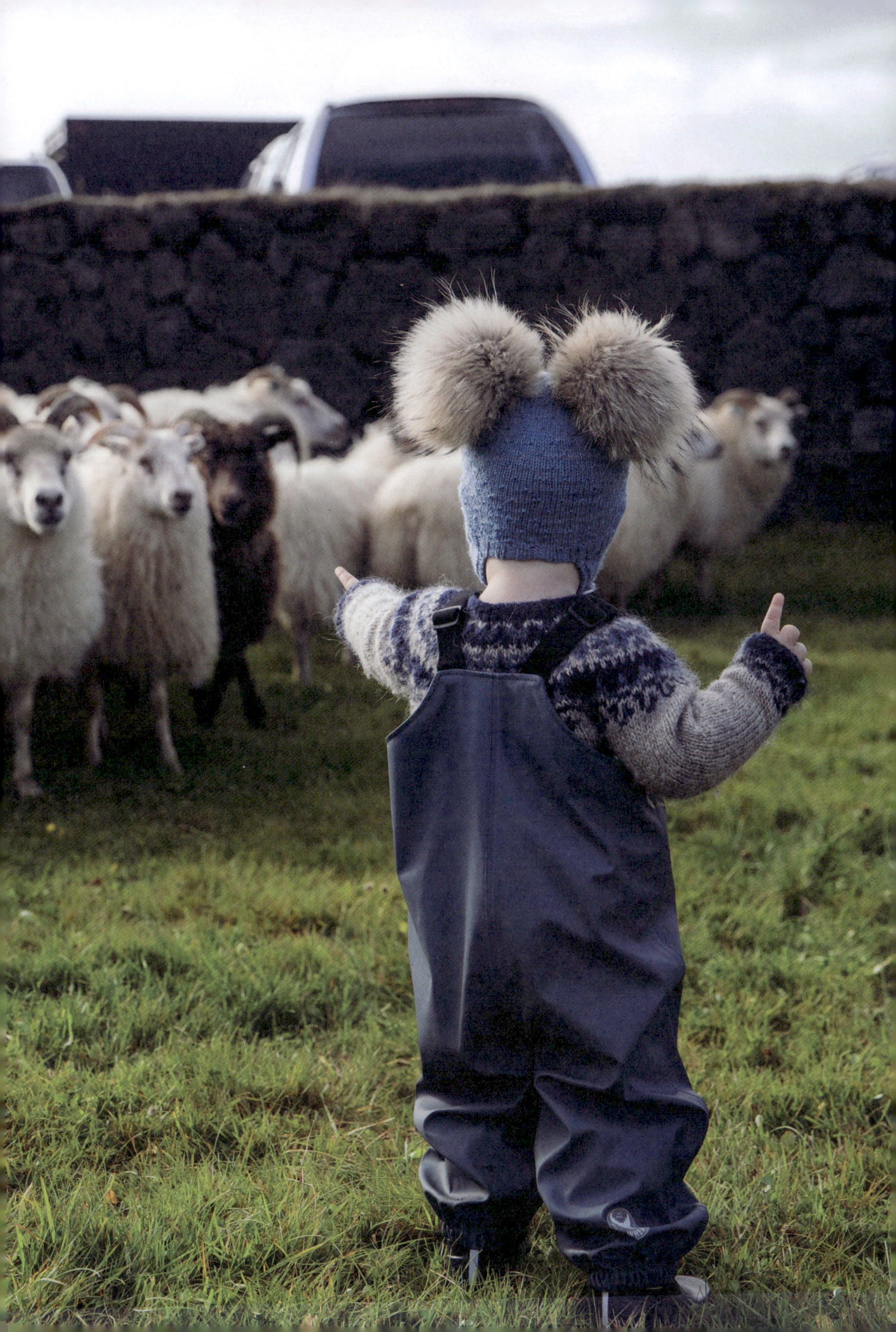

家庭生活和人生大事

成人礼

在冰岛，参加"成人礼"代表接受洗礼和信仰基督教，传统意义上，这也代表孩子成年了。因此，这对冰岛青少年而言，是颇为重要的人生转折点。2020年，约63%的冰岛人信奉冰岛福音派路德教会，多数冰岛人参加过成人礼。有趣的是，无宗教信仰的冰岛人也很看重成人礼，所以冰岛伦理人道主义协会特意为无宗教信仰的孩子举办无宗教意义的成人礼。1989年，无宗教意义的成人礼首次举办，参加仪式的孩子屈指可数，但到2020年，13%的青少年曾参加无宗教意义的成人礼。

成人礼一般在复活节前后举行。仪式前，孩子们去教堂上课、做弥撒，为仪式做准备。若参加无宗教意义的成人礼，孩子们要上的课程主题则为批判性思维、伦理和人权。

成人礼是孩子们会铭记于心的首件人生大事，虽然他们也参加过洗礼和起名仪式，但那时太小，根本记不住这些事情。成人礼是盛大的庆祝活动，父母的亲朋好友也会受邀参加，孩子们会收到许多礼物，如电子产品、珠宝、书籍、露营装备和红包。

约会
文化

"约会"的概念近几年才在冰岛出现，这或许是冰岛人从美国好莱坞电影学来的文化。冰岛情侣多是在上学、工作、参加合唱团和体育活动时，相识、相知、相爱。一些冰岛情侣可能在派对、酒吧，或夏季音乐节露营时偶遇相识。

各种交友软件和社交媒体的出现，帮助很多单身人士找到另一半。冰岛人首次约会，会一起喝杯咖啡，去酒吧小酌两杯，散散步，或吃冰激凌。由于冰岛很小，你很可能第一次约会就遇到熟人。

冰岛人主张男女平等，女士同样可以勇敢追男士。有人说，冰岛人在性方面很随意。或许这是真的，因为在冰岛谈"性"不会色变。

小型社会经常上演奇怪的戏码。你的新约会对象可能以前和你的朋友或熟人约过会，或和你的发小是亲戚。你们的曾祖父母可能是一个人，你们的孩子可能是同学，或者你们的母亲可能是好朋友……虽然这可能会令人尴尬，但也有好处，你能轻而易举地了解新约会对象的人品。

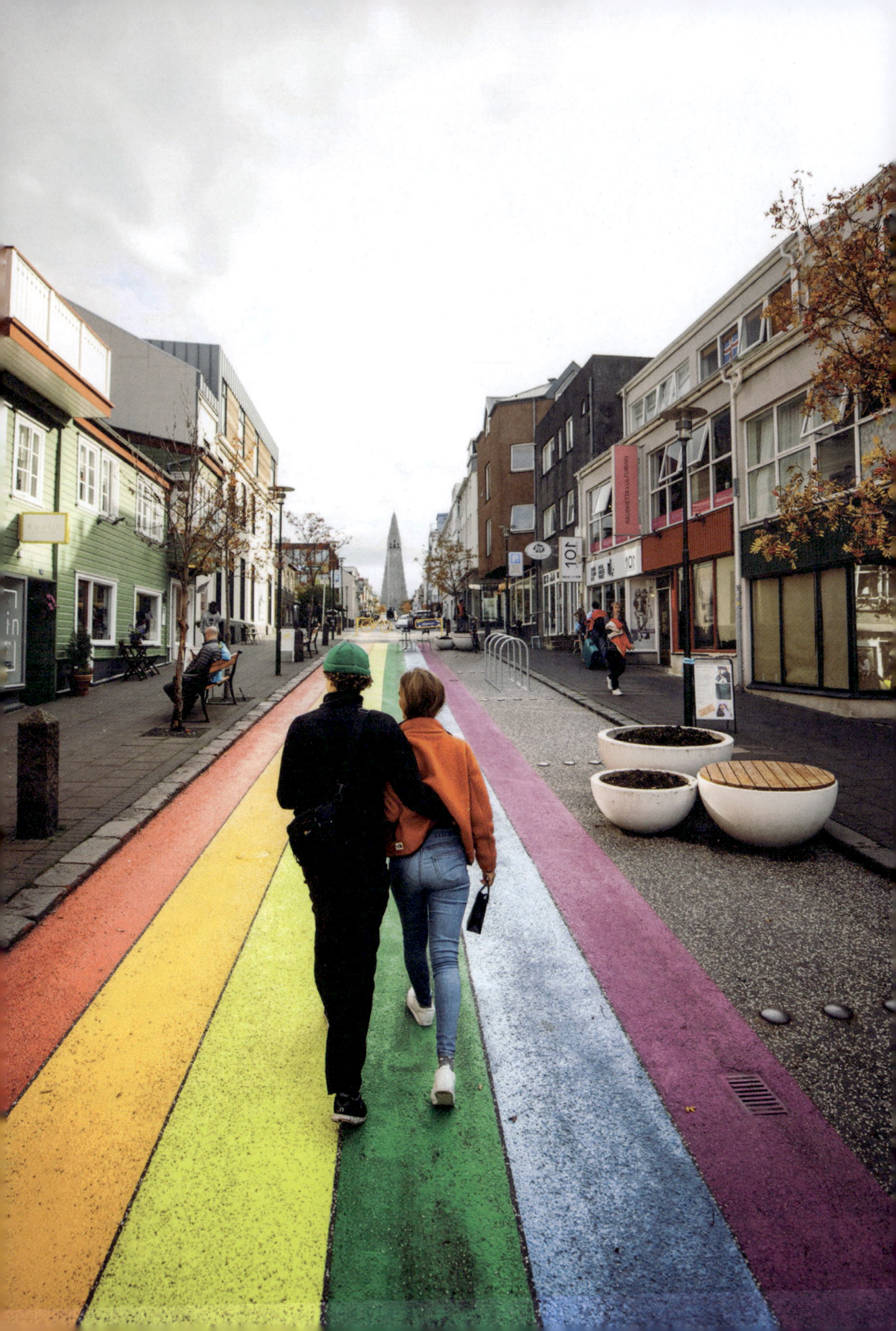
101

冰岛人的婚姻观

如果你参加过冰岛人的婚礼，可能发现 30 多岁的新郎和新娘早已在一起 10 年，还生了几个孩子，孩子们在婚礼上则会帮忙拿戒指和鲜花。冰岛人的婚礼规模一般不大，气氛轻松，新婚夫妇会负责婚礼所有开销。如果新娘戴着一枚大钻戒，那很可能是她自己买的。婚礼来宾不需要准备礼物，因为新婚夫妇可能什么都不缺。

冰岛人的婚姻观很特别。一对情侣相识相恋，怀孕后注册成为同居伴侣，第一个、第二个或更多的孩子出生后，这对情侣才会考虑领结婚证。除了分居和死亡受到的法律保护不同，登记同居与婚姻享有几乎同等的权利，所以一些冰岛情侣一辈子只同居，不结婚。

在冰岛，结婚不是生孩子的前提条件。"未婚先孕"绝对不会带有污名感。实际上，冰岛 70% 以上的婴儿出生时，父母还未结婚。

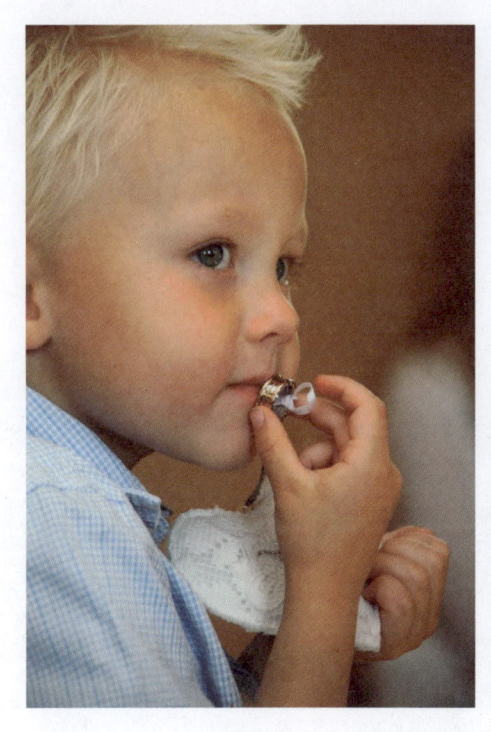

未婚先孕的文化可以追溯到19世纪，当时欠债或没有土地的人不允许结婚。未婚先孕虽然不是首选，但这件事也得到了社会的认可。如今，冰岛人同居不结婚的文化，与女性人身自由、经济独立、社会保障体系完善和长辈爱护支持的大环境密不可分。

然而，你若说婚姻将在冰岛不复存在，这显然危言耸听。大多数冰岛人最终都会结婚，结婚也不是一件难事。

多数冰岛人的婚礼仪式十分传统。大部分夫妻会选择在教堂成婚，婚礼当天，新娘和新郎的母亲会在入口迎接宾客，而新郎和他的父亲会在圣坛上向每位进来的宾客鞠躬以表欢迎。新娘则身着一袭白色婚纱，独自或带着孩子走入教堂。

冰岛的离婚率约为40%，相比于欧洲其他国家，这并不算高。如此看来，先有孩子再结婚，也不失为务实之策。

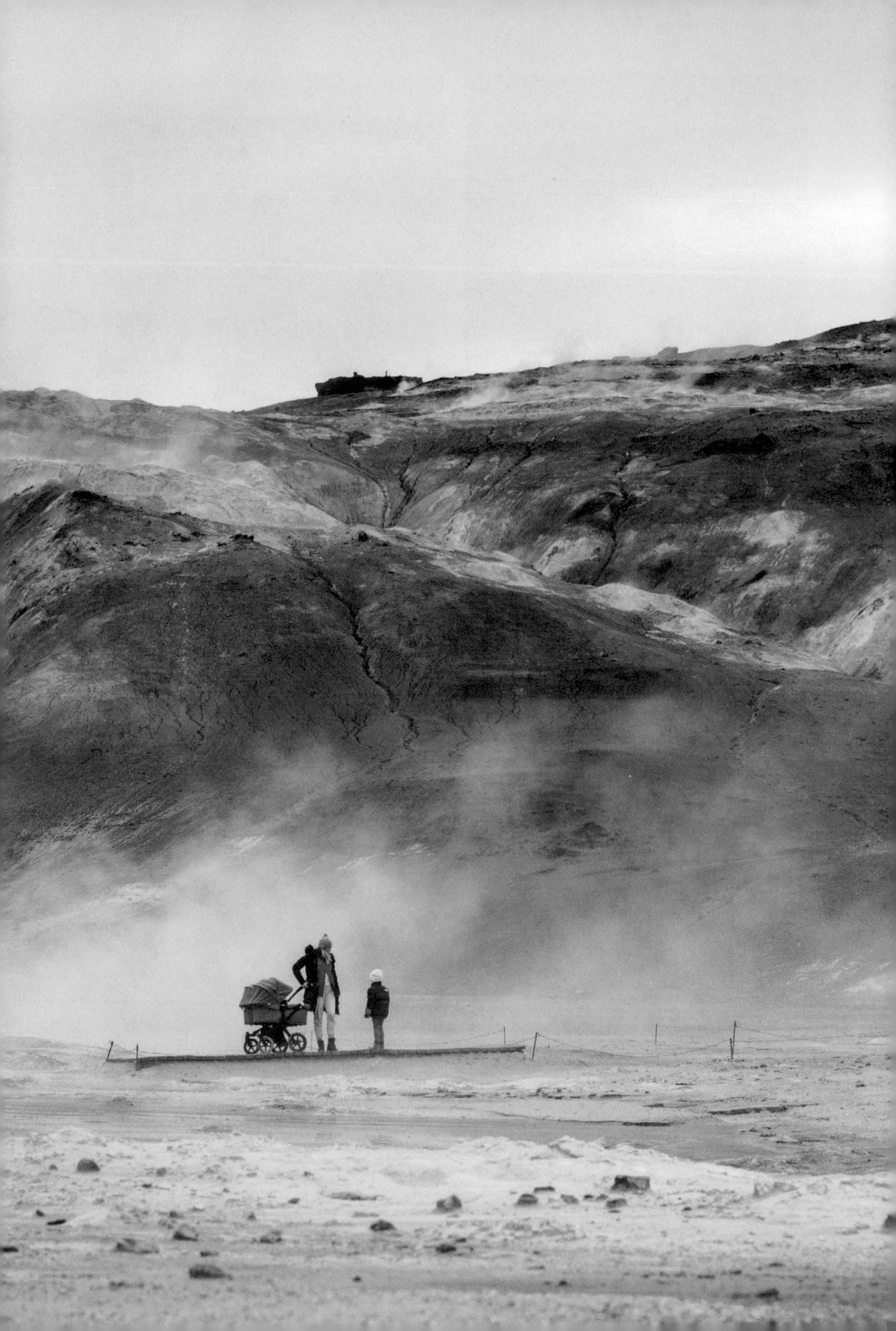

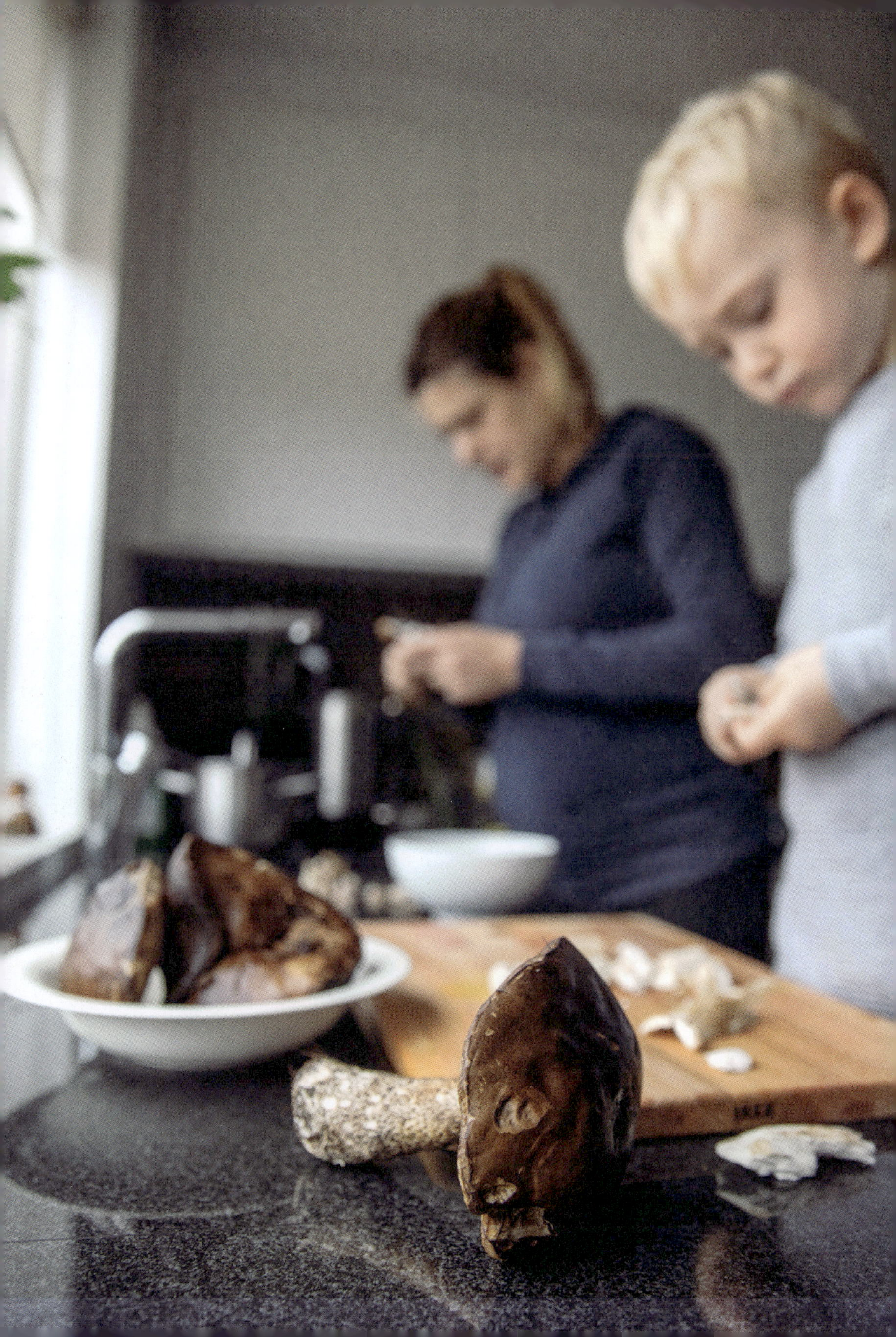

重组家庭

　　北欧人的婚姻观和家庭观很"佛系",所以也不难理解,冰岛会出现非传统的家庭结构。2020年,有孩子的单亲或未婚同居家庭略多于传统核心家庭。夫妻离婚后,一般共同拥有孩子的监护权。孩子们需要两头跑,因此许多孩子在复杂的家庭关系中长大。于父母而言,离婚后的协调工作是最令人头疼的,要确保孩子在父母各自的新家都有自己的房间,还要与前夫或前妻商量确定孩子的课后活动,以及解决世纪难题:孩子在哪里过平安夜。

冰岛人的
工作观

通过其他章节，相信你已对冰岛人的敬业精神有所了解，冰岛人退休年龄晚于大多数欧洲人，这也不足为奇。冰岛人的法定退休年龄为 67 岁，而大多数体制内的员工退休时年龄已高达 70 岁。和其他国家的人不同，冰岛人到了退休年龄，还会选择继续工作赚钱。

数据表明：冰岛女性平均能领 18 年的养老金，而荷兰女性可领 23 年的养老金。有趣的是，冰岛人讨论退休，并不是讨论退休太晚的话题。恰恰相反，国家老年人协会还积极帮助退休人士给政府提议，希望政府能为老年人提供更多工作机会，并允许体制内员工退休后留任。

对冰岛的退休人员而言，生活并不仅仅是工作。冰岛被评为世界上最适合退休的国家，因为冰岛的退休人员身体健康，预期寿命长，且生活质量高。一位 70 岁健康老年人的日常生活可能比子女甚至孙子孙女的日常生活还要充实，比如去旅行、参加合唱团、上西班牙语课程和跳尊巴舞。

逝者
难忘

　　如果你在冰岛生活了一辈子，从未出版过书籍，也不是公众人物。那么当你去世时，将短暂地"出名"。在冰岛，绝大多数人的讣告都会刊登在报纸上，而且任何人都可以写这份讣告，其他国家不可能做到如此平等吧！逝者的朋友、家人（甚至年幼的孩子）和同事会以书信形式撰写讣告。葬礼当天，讣告会见报或发在网上。倘若报纸版面不够，讣告将于次日见报。报纸免费刊登讣告，一来是慈善之举，二来读者也很喜欢读讣告。有些人甚至承认他们仅仅是为了读讣告栏目而订阅报纸。

　　冰岛的葬礼规模十分宏大，冰岛人对逝者的重视由此可见一斑。电台会广播葬礼信息，葬礼通常对所有人开放。如果逝者的家族人丁兴旺，而且好友也多，葬礼往往会有数百人出席。现场会有歌唱和音乐表演，葬礼结束后大家会一起喝咖啡和吃蛋糕。

　　逝者亲属会几十年如一日地扫墓。逝者诞辰和圣诞节等重要日子，逝者的亲朋好友会一同来到墓前，缅怀逝者。

以下诗句展现了冰岛人缅怀逝者的方式（讣告常引用该诗句）。诗句出自 13 世纪或更早的《诗体埃达》。

牛会老死

至亲会离开我们

我们也有一天

会离开人世

但我确信

故人永远

长存心间

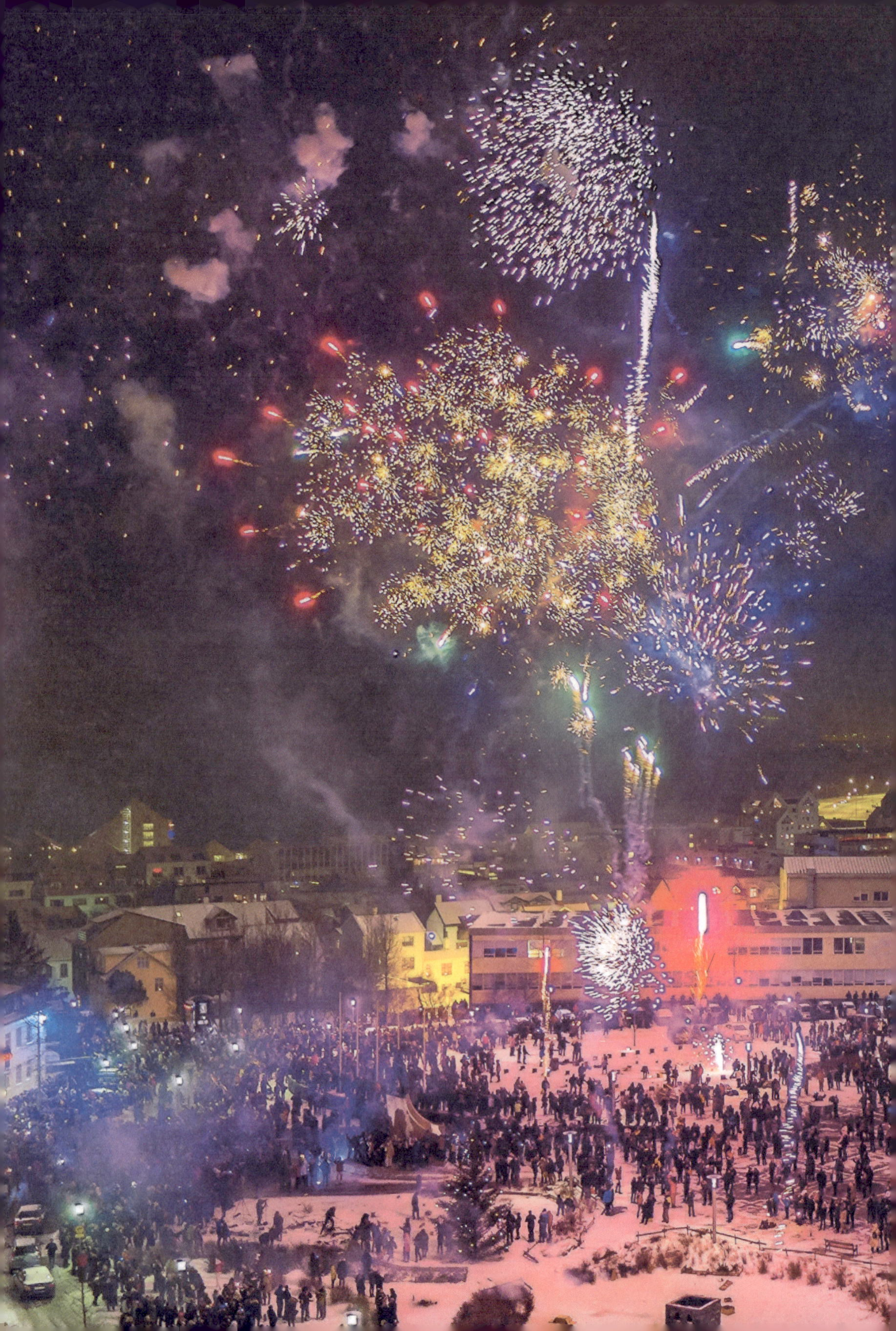

节日和庆典

黑暗中的光明

冰岛处于极北地区，冬季日照时间短，黑夜极为漫长，所以冰岛人喜欢庆祝圣诞节。圣诞节期间，人们在屋里屋外挂上各式各样的彩灯，参加圣诞音乐会，举办亲友聚会，并享受美味自助餐，烘焙饼干，疯狂购物，尽情享受当下。

庆祝圣诞节是古老的传统，早在基督教传入冰岛前就存在。圣诞节其实是冰岛旧历的"冬至"，一年中日照时间最短的那天，一般在 12 月或 1 月。

降临节拉开了圣诞季的帷幕。冰岛人会制作或购买有 4 支蜡烛的花环，每周日点燃一支蜡烛，一直到圣诞前的最后一个周日。还有一种习俗是点燃标有 12 月 24 日之前日期的蜡烛，每天点燃有当天日期的蜡烛，而孩子们则会得到巧克力日历。人们把圣诞节的准备工作视为一件大事。有人甚至认为，降临节前开始装饰或播放圣诞音乐是万万不可的。圣诞节前夕，冰岛人见面问得最多的就是："圣诞节准备好了吗？"时代变迁，准备工作也悄然改变。以前，打扫卫生是女人的活儿，但年轻一代人不太可能像她们的长辈那样给家里大扫除，她们更看重和家人欢聚的时光。

冰岛家家户户都有"降临灯"，圣诞季会点亮降临灯用于装饰。降临灯是倒置的 V 形烛台，上有 7 支蜡烛，这可能会让你联想到犹太人的烛台，但是二者没有直接关联。7 支蜡烛的设计纯粹是因为倒 V 形烛台能放的蜡烛数量为奇数，所以也有 5 支或 3 支的小型版降临灯。20 世纪 60 年代至 70 年代，降临灯风靡冰岛，如今也还是降临节不可或缺的部分。除了降临灯，窗户上还可以挂"降临星星灯"和花环。

圣诞自助餐也是庆祝活动的重要组成部分，冰岛餐馆和酒店会特供圣诞自助餐。自助餐提供传统的冰岛食物以及当地美味，如配黑麦面包的腌鲱鱼、鸭肝酱、驯鹿、鹅、鸭、烟熏三文鱼，以及紫甘蓝、甜菜根沙拉等。

根据习俗，平安夜前一天，冰岛人就要装饰好圣诞树，但如今，许多冰岛人在 12 月初就开始装饰圣诞树。圣诞树上的装饰可能是家传的饰品、家庭成员亲手制作的手工艺品、去年圣诞节或之前假期购买的礼物。人们在花店和慈善机构可以买到圣诞树，此外，冰岛人还会去当地的林业协会，亲自砍一棵圣诞树带回家。圣诞节必须有圣诞树的传统于 19 世纪末由丹麦传入冰岛。当时冰岛的树木不多，人们就用木棍做成圣诞树，树枝和蜡烛做装饰，上面还挂着小礼物。

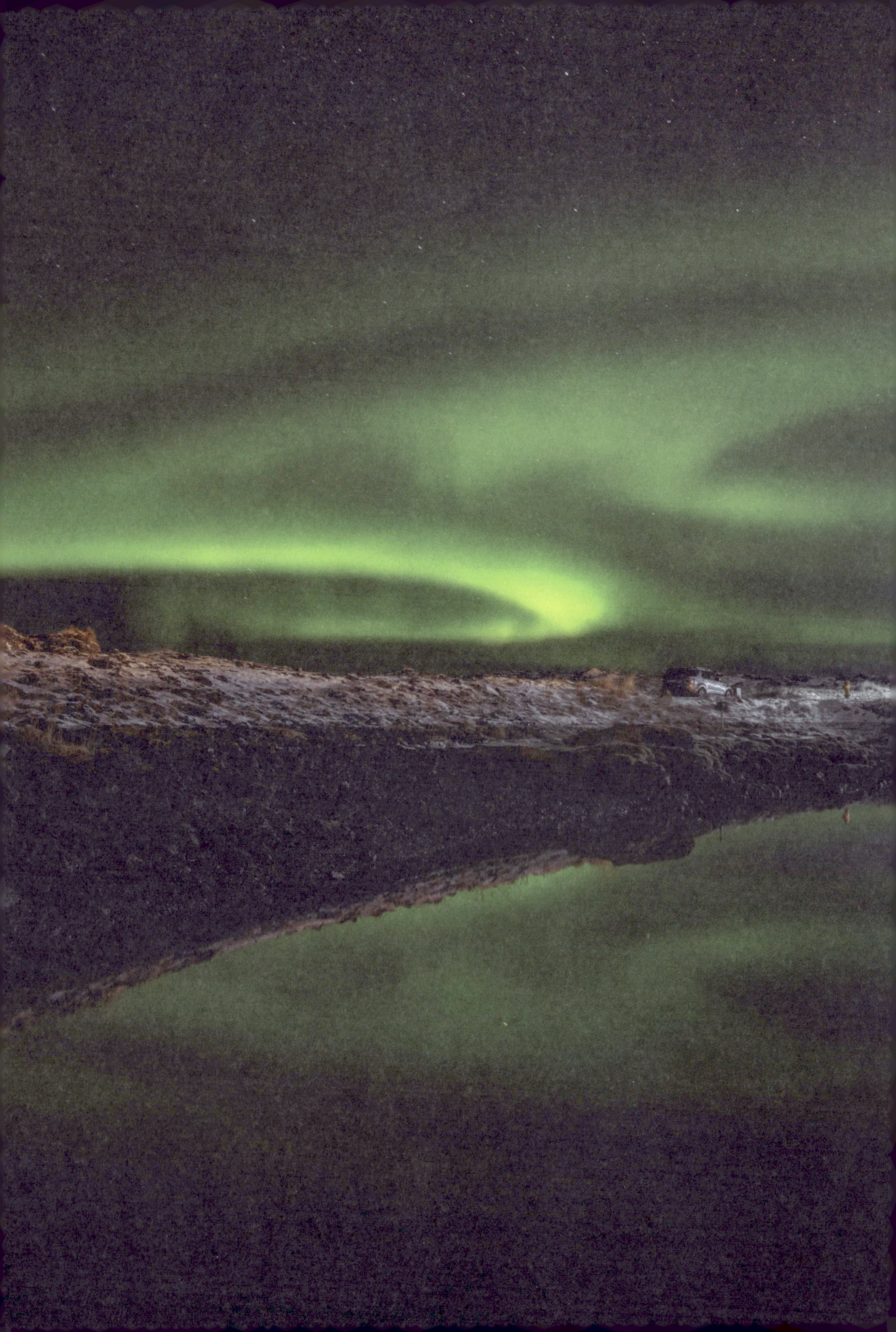

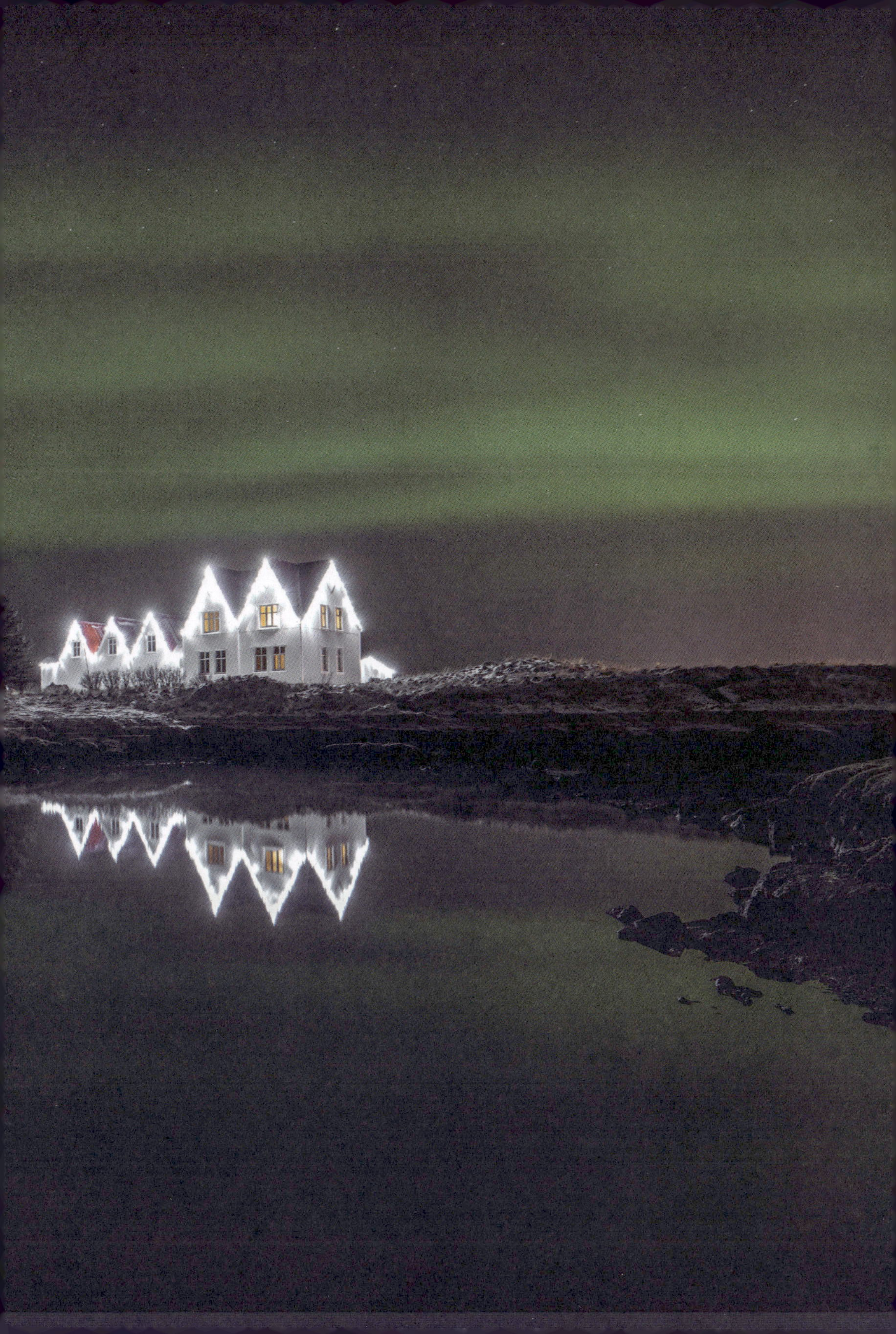

节日和庆典

圣诞精灵

冰岛有 13 个圣诞精灵，他们会在圣诞节前给孩子送礼物。12 月 11 日晚，孩子们会把鞋子放在窗台上，如果表现好，接下来的 13 天，每天早上他们的鞋子里都会出现一个小礼物；如果调皮捣蛋，那他们可能只会收到一个土豆，还可能是坏了的土豆。这些圣诞精灵都有犯罪前科，但已改邪归正，不过偶尔也偷吃食物或做恶作剧。圣诞精灵与坏脾气的巨魔父母一起住在山洞。巨魔妈妈曾吃掉不听话的冰岛孩子，据说几百年前，她饿死了，所以冰岛孩子不再担惊受怕。

17 世纪，冰岛人首次用文字记载这些圣诞精灵，但他们的起源可能更久远。最初，书中说他们是可怕且危险的巨魔，但逐渐改邪归正，19 世纪末，他们不再吃孩子，而是偷东西和做恶作剧。如今，他们已洗心革面，不再作恶。20 世纪 60 年代以来，圣诞精灵一直往孩子的鞋子里塞礼物。他们有时穿着老式的羊毛衣，有时穿着像圣诞老人一样红白相间的衣服，还留着长长的白胡子。

圣诞精灵中较受欢迎的是"小矮人"精灵，另一个是"蜡烛小偷"精灵，他是最后一天到访的精灵，通常会带来最大的礼物，然后顺手牵羊，偷走家里的蜡烛。其他圣诞精灵则喜欢偷吃。第一天到访的精灵偷羊奶；然后是偷牛奶的精灵，他很喜欢牛奶泡沫；接着是爱舔勺子的精灵，他会去厨房吃未清洗匙子上的残羹，还有 2 个精灵喜欢舔干净的厨房器具，喜欢喝酸奶的精灵则会偷吃美味的冰岛酸奶；喜欢吃香肠的精灵会偷完所有香肠，而喜欢吃肉的精灵则会用特制的钩子从屋梁上偷肉，可现在很少有人会把肉挂在房梁上，所以他经常一无所获；还有喜欢嗅门、撞门和在门口偷窥的精灵……冰岛到底有多少个圣诞精灵，无从考证，一些圣诞歌曲里共有 9 个精灵，而前面提到的 13 个是给孩子们送礼物的精灵。据记载，冰岛有 80 多个精灵，部分是女精灵。

巨型圣诞猫是圣诞精灵的宠物。据说，它会追赶圣诞节没有新衣服穿的孩子，并把他们"吃掉"。

冰岛圣诞烘焙大赛

　　烘焙圣诞饼干是冰岛圣诞季的传统习俗，冰岛人会和家人一起烘焙点心，做好的点心放入罐子保存。节假日，冰岛人会边喝咖啡，边吃甜点。以前冰岛人会做各式各样的饼干，家家户户还会比赛看谁做的饼干种类多。时代变迁，冰岛人不再做那么多种类的饼干，甚至有些人还会购买现成的饼干面团，但冰岛人做饼干的热情依然很高。

　　20世纪20年代，冰岛人开始在圣诞节烘焙。在此之前，冰岛人很难买到面粉和糖，烤箱也还未进入寻常百姓家。许多饼干的配方源自丹麦，冰岛最常见的饼干有香草圈、姜饼、巧克力饼干和半月形饼干。要制作半月形饼干，首先要擀开面团，然后用玻璃杯切出圆形面片，将大黄果酱或李子果酱倒在一半面片上后对折，最后用叉子封口，还可以画上图案做点缀。冰岛人很喜欢做戚风蛋糕、用巧克力装饰的黄油饼干，以及"妈妈之吻"和"农民饼干"。冰岛家家户户都有的饼干是"莎拉·伯恩哈特"，得名于著名的法国女演员，它是一种杏仁饼干，其中注入由可可、咖啡、黄油、蛋黄和盐制作而成的美味馅料，表面淋上黑巧克力液。虽然这种饼干和冰岛一点关系都没有，但冰岛人还是很爱它！

　　最后，不得不提的就是冰岛圣诞蛋糕。冰岛圣诞蛋糕是唯一以圣诞节命名的美食，一年到头都很受冰岛人欢迎。圣诞蛋糕放满了葡萄干，并佐以豆蔻调味，它和咖啡是绝配！

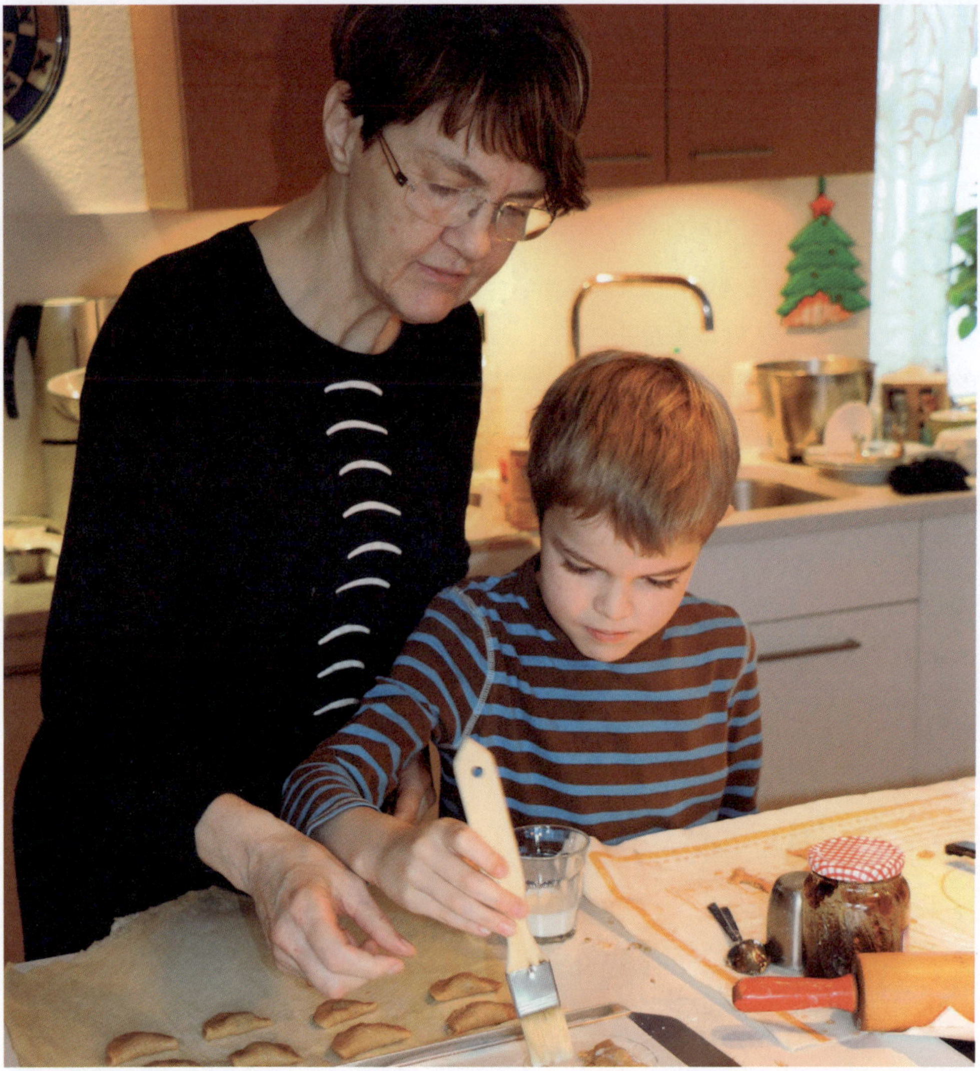

油炸印花面饼

制作传统美食——油炸印花面饼，是冰岛常见的家庭活动。

油炸印花面饼的制作方法：首先，用擀面杖反复擀压面团，直到面皮呈圆形且薄如蝉翼；然后，用刀或印花滚轴在面皮上刻出叶子等其他类似图案；接着油炸面皮，此环节有一定危险系数，需要由经验丰富的人负责往沸油中放面皮；最后，取出炸好的面皮，用重物压平面皮，这样做好的印花面饼既好看，又好吃。

印花面饼和熏羊肉等腌制肉类是绝配。有时冰岛人还会在窗户上挂印花面饼作为圣诞装饰。冰岛人做印花面饼的初衷，就是最大化利用面粉。在当时的冰岛，面粉可是"奢侈品"，只能从国外进口。冰岛人油炸面饼，也是为了延长保质期。

冰岛人做油炸印花面饼的传统可以追溯到几百年前。目前，冰岛正向联合国教科文组织提交申请，希望将冰岛的印花面饼制作工艺列入《人类非物质文化遗产名录》。

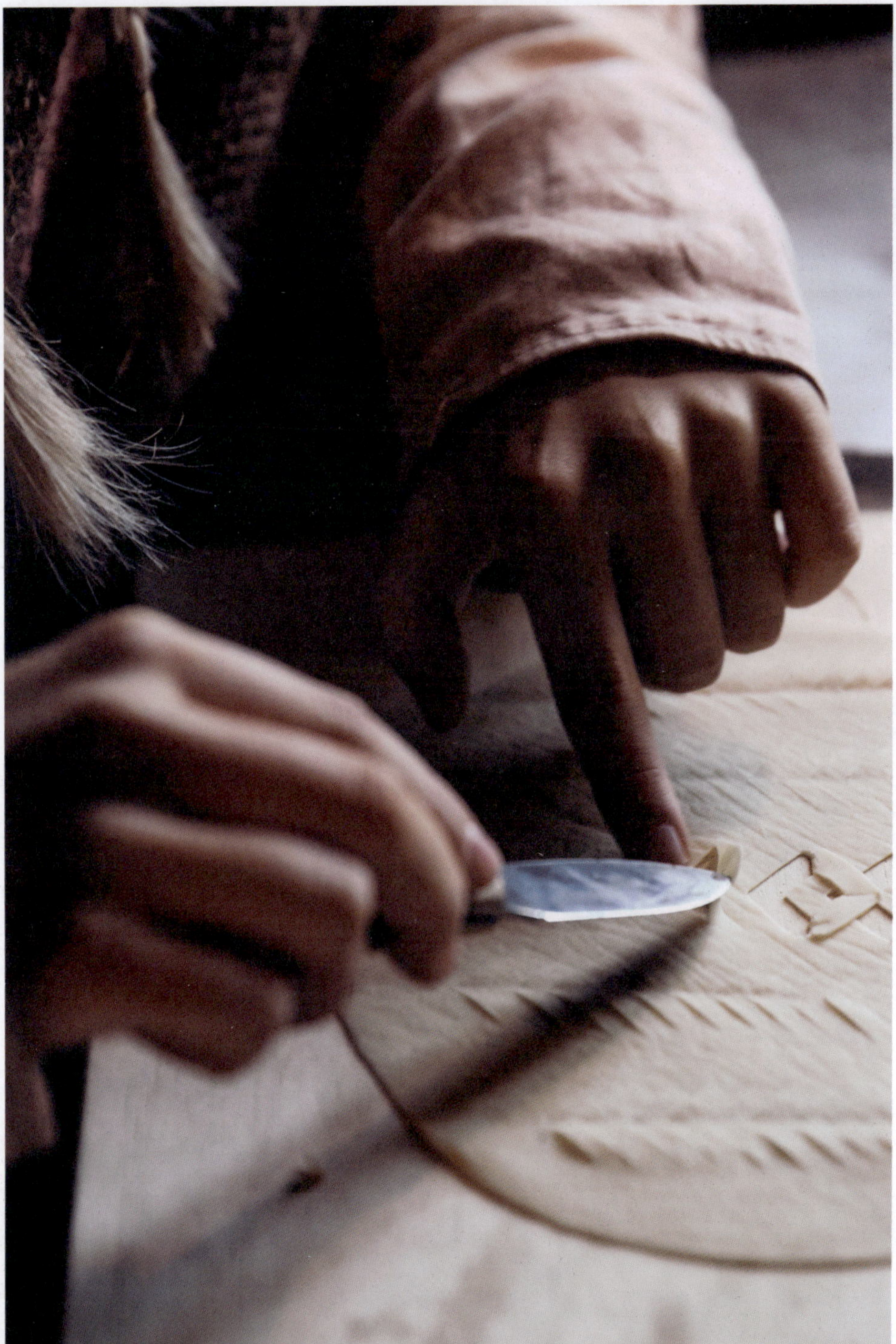

节日和庆典

冰岛圣诞餐桌的"常客"——
臭鳐鱼

在冰岛,吃臭鳐鱼是很受欢迎的圣诞风俗。圣诞节,很多冰岛人家里弥漫着发酵鳐鱼的臭味,但是他们毫不介意。有些冰岛人担心家里变臭,会去餐馆吃;还有些冰岛人喜欢在花园或车库里烹饪发酵的鳐鱼。

吃臭鳐鱼的风俗源自冰岛西部峡湾地区,每年12月,渔民在西部峡湾捕捞鳐鱼运往冰岛其他地区。每年12月23日,冰岛人的习俗是吃臭鳐鱼斋戒,一来为了纪念守护神,二来臭鳐鱼可以衬托次日圣诞佳肴的美味。几百年来,冰岛人乐此不疲地让臭鳐鱼吃起来更美味,但大多数人并不认为它能吃。臭鳐鱼的味道非常独特,类似味道浓烈的奶酪,相信我,你吃的时候,肯定会被熏得掉眼泪。

臭鳐鱼的制作过程十分简单:切下鳐鱼的鳍,放入容器内发酵即可,鱼肉会慢慢释放有独特气味的氨气和三甲胺。约3周后,鳐鱼的发酵就大功告成了。之后将其煮熟,与土豆和化开的黄油一起端上桌,简直是一场味觉盛宴!

圣诞快乐

圣诞节庆祝活动当天，冰岛人和亲朋好友欢聚一堂，享受圣诞晚餐。圣诞晚餐准备得差不多时，冰岛人会前往墓地点燃蜡烛、装饰墓碑，以告慰故人。

冰岛人在平安夜庆祝圣诞节，下午6点正式开始过节。届时，冰岛国家广播电台会播放教堂钟声的音频。如今，无论冰岛人是否有宗教信仰，他们都会前往教堂参加圣诞弥撒。当广播主持人说"Gleðileg jól"，即"圣诞快乐"的时候，家庭成员会彼此拥抱和祝福。

冰岛以前的圣诞大餐主菜为羊肉，但如今斑鸠、火鸡、鹅、驯鹿或其他野味也成为主菜。当然，还有素食可供选择。主菜通常搭配焦糖土豆、紫甘蓝和腌甜菜根等。饭后甜点种类多样，但冰岛人总会在其中一份甜品里加一颗杏仁，吃到杏仁的幸运者会收到"杏仁礼物"，比如圣诞装饰品和拼图。许多冰岛人喜欢自制冰激凌作为甜点，有时搭配罐装梨和梨汁；还可以吃搭配鲜奶油、杏仁和樱桃的大米布丁，还有乳脂松糕、巧克力布丁、焦糖布蕾和奶油布丁。当然，一顿奢华美味的"圣诞蛋糕"（参见第112页）也可能出现。酒足饭饱后，冰岛人和家人会围着圣诞树载歌载舞，然后开始分发礼物。

冰岛人交换圣诞礼物的传统从19世纪末才开始，那时孩子们的礼物多为蜡烛。每个家庭打开圣诞礼物的方式各不相同。但在多数家庭，孩子们会大声读出每份礼物上的名字，收到礼物的人要当着大家的面打开，如果礼物是服饰鞋子，他们还会试穿，毕竟谁都不想因为没有新衣服穿而被圣诞猫"吃掉"，接着再继续发下一个礼物，送礼物环节通常持续相当长的时间。很多冰岛家庭还会互送书籍，在平安夜享受阅读的乐趣（参见第73页）。

圣诞节当天，冰岛人和所有亲戚欢聚一堂。很多家庭会吃熏羊肉，搭配土豆、豆类、黑麦扁饼，还有圣诞啤酒。这一天，冰岛人可以只穿睡衣，继续阅读他们收到的新书。

平安夜
到
第十二夜

一直搬家的精灵

　　根据冰岛民间传说，12月31日，圣诞精灵会离开居住的岩石和山丘，去寻找其他更宜居的地方生活。一些冰岛人仍遵循古老的仪式，告别可能要离开的精灵，或者欢迎可能在自家土地或附近定居的精灵。冰岛人相信精灵能保佑自己。如果你想试试，可以在12月31日绕家走一圈，边走边说："准备搬家离开的精灵，祝你们一路顺风！想来安家的精灵，我们热烈欢迎！只要你们不伤害我和我的家人。"

　　1月6日，最后一个精灵找到新洞穴，圣诞节也就正式落下帷幕。当天，冰岛人会参加篝火晚会，或放完剩余的新年烟花。

烟花盛宴

　　如果你喜欢烟花、篝火和派对，那么你一定要来冰岛跨年！

　　跨年夜的12点，家家户户都会放烟花，你将能欣赏一场壮观的烟花盛宴。虽然它也许不像埃菲尔铁塔或悉尼海港大桥旁的烟花表演那样绚丽，但烟花从四周升起绽放的场景应该会让你毕生难忘。每个冰岛人都知道如何放烟花，孩子会戴着防护眼镜玩烟花棒，甚至是火把。

　　多数人会从当地救援队购买烟花，卖烟花的所有收入都将用于维持救援队的基本开销。救援队在保卫国家安全方面发挥着举足轻重的作用（参见第129页），因此冰岛人认为多买烟花支持救援队是义不容辞的义务。

　　近年来，考虑到环保问题，冰岛开始出现质疑跨年燃放烟花这一传统的声音。

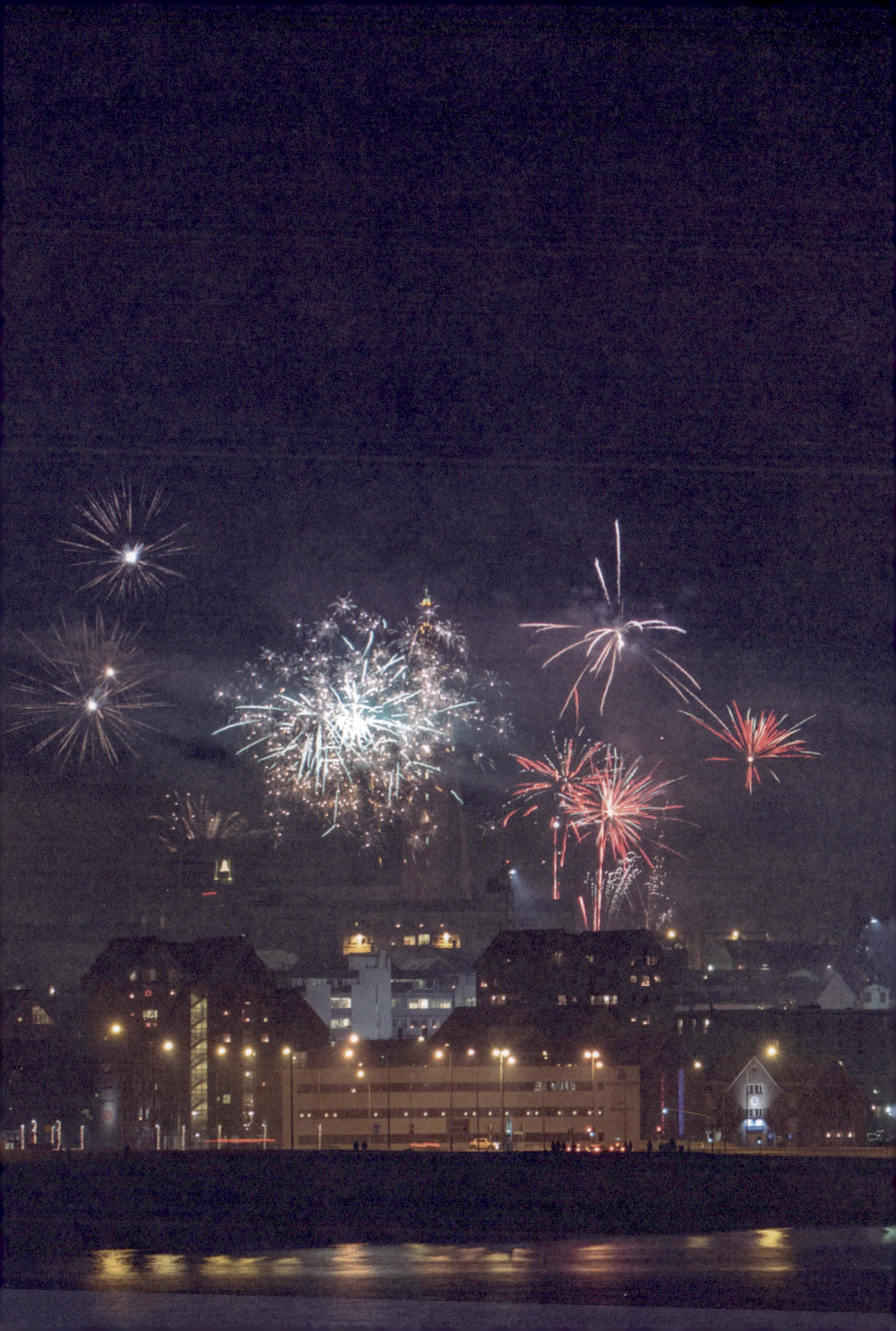

冰岛人建议通过募捐来帮助救援队多种树，以抵消烟花燃放产生的温室气体排放。除了环保问题，烟花燃放的声音也是个大问题，家有宠物和小孩的冰岛家庭并不喜欢震耳的烟花声。

　　放烟花前，冰岛家庭会三代或四代同堂共进晚餐，晚餐结束后出门参加篝火晚会，唱几首精灵主题的歌，也许还会放一些烟花，接着所有冰岛人会收看一年一度的跨年晚会，晚会内容也将成为节后上班族茶余饭后的谈资。晚会节目播放时，烟花声会告一段落，到了午夜12点，璀璨夺目的烟花点亮苍穹，烟花声响彻云霄。新年前夕，雷克雅未克市区热闹非凡，哈尔格林姆教堂前的广场是欣赏跨年烟花的绝佳位置，在这里你可以俯瞰整座城市。烟花盛宴之后，不要着急回家睡觉，派对才刚刚开始，年轻人会去俱乐部或朋友组织的派对继续狂欢，庆祝新年的到来。

节日和庆典

隆冬的
庆祝活动

丈夫节和隆冬节

丈夫节是冰岛旧日历中隆冬月的第一天（1月底，冰岛最冷的时候）。当天，冰岛男性会收到伴侣的礼物，可以说是冰岛版仅针对男性的情人节。根据传统，家里的男人应早早起床，脱掉衬衫和一只裤腿，将另一只裤腿拖在身后，单腿跳到家外，以迎接隆冬的到来。

隆冬节也是冰岛人举办冬季盛宴——"臭食节"的时候，人们会享用公羊睾丸、发酵鲨鱼肉、烤羊头等传统食物（参见第102页）。许多冰岛男性将收到伴侣送的传统美食拼盘和他们最爱的本地酿造啤酒或黑死酒（参见第114页）。

妇女节

当然，冰岛还有专为女性准备的节日——妇女节，是冰岛旧历中戈亚月的第一个周日，一般在2月下旬。

以前，人们只是全家共进晚餐以庆祝妇女节。但20世纪初，商店开始大肆宣传和营销这一天需要给身边的女性赠送礼物。如今，许多女性会收到来自伴侣的鲜花、巧克力，甚至是珠宝。冰岛国家面包师协会每年都会评选"年度蛋糕"，获胜的蛋糕将在全国各地的面包店出售，这对喜欢甜食的女性来说是完美的礼物！

既然有了丈夫节和妇女节，而且妇女节在2月14日的情人节后没几天，冰岛人也就没必要再庆祝情人节了。

奶油泡芙日
和
复活节

奶油泡芙日

如果你喜欢吃巧克力小面包,那么"奶油泡芙日"就是为你量身定制的节日。每年1月或2月"忏悔星期二"的前一天就是"奶油泡芙日"。节日早上,孩子们就会吵着问父母要奶油泡芙。如果孩子们在父母起床前喊了"奶油泡芙,奶油泡芙,奶油泡芙",他们就能得到3个奶油泡芙。

奶油泡芙由奶油面团烤制而成,佐以奶油和果酱内馅和巧克力糖霜。奶油泡芙日当天,面包店门庭若市,你可以买到各种不同口味的奶油泡芙,比如焦糖味、百利甜酒味、草莓味、榛子巧克力味,当然还有甘草味(参见第108页)。

如何在家做奶油泡芙

"奶油泡芙日"当天,最好不要一口气吃完所有的奶油泡芙,给肚子留点空。下午茶喝咖啡时配奶油泡芙,晚餐后再来个奶油泡芙当甜点,睡前再尝一个也无妨。毕竟,明天是"爆炸日"(参见第 210 页),最好让你的胃适应一下!

配料(可以做大约 20 个奶油泡芙)

泡芙:

100 克黄油

200 毫升水

1 茶匙糖

100 克面粉

3 枚鸡蛋

内馅:

打发的奶油、果酱或者自己喜欢的食材

糖霜:

160 克糖粉

2 大匙无糖可可粉

2 茶匙香草精

2 大匙冲泡过的咖啡

3 大匙水

做法

将黄油、水和糖倒入锅中,煮沸。然后慢慢地加入面粉中,一边倒,一边搅拌,直至得到一块可以轻松从锅中取出的软面团。面团放于碗中,静置冷却 15 分钟。

与此同时,烤箱预热至 220℃/240℃。往面团中加入鸡蛋,揉成更筋道的面团,当然你也可以使用厨师机揉面。

用茶匙把等量的生面团舀到铺好烘焙纸的烤盘上,每个面团间留出足够空间。2 个常规大小的烤盘上可放 9～10 个面团。

将烤盘分别放在烤箱的底层,烤制 20～25 分钟,直至面团呈金黄色。

从烤箱中取出泡芙,将其置于烘焙架上冷却。水平切开每个泡芙,但不要切成两半。每个泡芙填入内馅,冰岛人喜欢大黄果酱奶油的内馅,你也可以加你喜欢的任何配料,尽情发挥想象力!

搅拌糖霜原料,将糖霜涂抹在奶油泡芙上即可。

爆炸日

冰岛的忏悔星期二被称为"爆炸日"。前一天虽然吃了很多泡芙，但第二天的爆炸日，冰岛人还会吃很多咸羊肉和豌豆汤。冰岛人常调侃自己吃太多，肚子都要爆炸了，这也是"爆炸日"名字的由来。

圣灰星期三

从圣灰星期三开始，冰岛人开始禁食。冰岛的"圣灰星期三"有点像"万圣节"。当天，孩子们会穿着奇装异服，去街边店铺唱歌要糖吃，不给就捣蛋。孩子们还会轮流打装满糖果的大袋子，所有糖果都掉出来后，再平分糖果。另一个正在消失的传统习俗是：往自己做的小布袋里装满灰烬，然后悄悄地系在路人的背后。

复活节

复活节期间，冰岛人有3天假期，他们会利用复活节假期和周末连休的机会出国或在国内旅行，又或是去度假屋放松几日。如果复活节来得早，冰岛人还会去滑雪。

复活节的第一天是"濯足节"，第二天是"受难日"。以前，冰岛人不能在"受难日"当天开展任何娱乐活动，连孩子们都不能玩游戏，否则就是亵渎耶稣。如今，孩子们可以玩游戏，但商店整天歇业，酒吧和酒馆只在深夜12点开放。

复活节当天，冰岛人会和家人共进午餐庆祝节日，午餐一般为羊肉、焦糖土豆、豌豆和紫甘蓝。因为冰岛人已经吃了复活节的巧克力蛋，所以他们餐后不会吃很多甜点。冰岛家庭还会特意买一些巧克力彩蛋，藏在家中的书架后或植物旁等比较容易找的地方，让小孩子们以寻宝的方式去"寻蛋"。

冰岛巧克力彩蛋都出自本地的巧克力师傅之手。这些彩蛋大小各异，顶部会有装饰性的鸡崽或其他动物小摆件。彩蛋里还藏着写有"命运掌握在自己手中"和"放心吧！吃一口又不会长胖"等谚语的小纸条。

立夏节

四月末,如果你在冰岛某个城镇街头看到一支游行乐队,那么你可能碰巧遇到了立夏节的庆祝活动。

立夏节是最具冰岛特色的节日之一,这个节日对冰岛人来说极为珍贵,不仅因为放假,也因为这是一个古老的节日。当天,孩子会收到礼物,通常是在夏天能用到的东西,比如运动装备、跳绳或其他户外玩具。16世纪初,冰岛人开始庆祝立夏节,这比圣诞节送礼物的习俗要久远得多。每个社区都会组织游行活动,游行结束后,大家便一起吃热狗和冰激凌。

立夏节的庆祝活动可以追溯到几百年前。实际上,传统的冰岛历法只有夏季和冬季两个季节。立夏节在4月18日之后的第一个星期四。立冬节在每年10月底,但是大部分冰岛人已不再庆祝这个节日。

立夏节时的冰岛还是很冷，平均温度只有 2～3℃，有时还会下雪。天气差时，游行的乐队可能都无法正常表演，甚至不得不停止表演以免被风吹走。然而对于冰岛人来说，不存在"坏天气"，只有不合适的服装，因此人们在游行时会戴上羊毛帽和保暖手套。

在冰岛，还有一些时刻也标志着夏季的到来。生活在西北部峡湾，被高山环绕的人们，从头年 11 月底到来年 1 月底几乎看不到太阳。当升起的太阳高过山脉，阳光可以普照峡湾底部时，当地人会喝咖啡、吃松饼以庆祝夏天的到来。

除此之外，金鸻等候鸟的到来也代表冰岛的夏季到了。金鸻在冬季会飞往欧洲大陆生活，春季则飞回冰岛的荒野下蛋。一般来说，金鸻 3 月底左右就到了冰岛。而第一只金鸻的出现将成为当天的头条新闻。金鸻因歌声甜美而哀愁，被冰岛人称为"春天的甜美使者"。冰岛人最爱的鸟就是金鸻，一首广为流传的冰岛语儿歌是这样唱的："金鸻已经来了，作别白雪皑皑的冬天，作别百无聊赖的生活，她真的来了。她告诉我，杓鹬、峡谷的阳光、田野的花朵很快也要来了。"

欧洲歌唱大赛

欧洲歌唱大赛既不是冰岛传统比赛，也不是节日，但它仍是冰岛人喜闻乐见或爱吐槽的节目。

每年，欧洲歌唱大赛在冰岛的关注度极高。2016 年，欧洲歌唱大赛决赛在冰岛的收视率高达 95.3%。

截至 2024 年，冰岛参赛选手或乐队从未在欧洲歌唱大赛中夺冠。塞尔玛·比约恩斯多蒂尔和约翰娜·古德伦分别于 1999 年和 2009 年在决赛中荣获季军。2020 年，达迪（Daði）和他的乐队凭借原创歌曲《亲爱的，你到底在想什么》（Think About Things）一举成名。所有人都认为他们可以冲击冠军宝座，不幸的是，比赛被迫取消。然而，该歌曲入选《时代》杂志 2020 年十佳歌曲，达迪还被选中在 2021 年再次参赛。

欧洲歌唱大赛适合全家人一起观看。比赛期间，冰岛时区比中欧时区晚 2 小时，因此比赛节目于冰岛晚上 7 点开始，孩子们也可以一起看。冰岛人还会和亲朋好友一边吃烧烤、喝鸡尾酒，一边观看节目。孩子们非常喜欢欧洲歌唱大赛，就算参赛的冰岛乐队是孩子们不太了解的摇滚乐队，他们也会无条件支持冰岛的参赛选手。

渔民日

6月的第一个星期日，冰岛沿海的城镇和村庄会庆祝渔民日，以表彰渔民的辛苦劳动。节日当天，政府官员会就冰岛渔业发展的重要性发表演讲，并表彰做出重要贡献的退休渔民。参加活动的冰岛人则可以下海游泳、划船、拔河，站在浮标上玩"枕头大战"。

1938年，人们决定设立"渔民日"以纪念海上作业失踪的渔民，但渔民日逐渐演变为节日。1987年开始，法律允许渔民和多数海员在这天休假，这样他们就能参加持续数天的渔民日庆祝活动。

冰岛的
国庆与独立日

　　1944 年 6 月 17 日，冰岛政府于辛格维利尔国家公园宣布脱离丹麦统治，成立冰岛共和国。冰岛人之所以选择这个日子，是因为 6 月 17 日是 19 世纪为冰岛争取自治的领导人——乔恩·西古尔德逊的生日，面值 500 冰岛克朗的纸币上印有他的头像，雷克雅未克议会大厦前还有一座他的雕像。

　　而后每年的 6 月 17 日，冰岛人举国同庆。庆祝活动中，冰岛人会请"山之女"在议会大厦前朗诵一首诗。"山之女"是冰岛的人格化形象，一般由女演员饰演，她将朗诵专为此场合撰写的诗，电视也会全程直播。小城镇也可能有自己的"山之女"。

　　国庆日下午，冰岛人走上街头，跟随游行乐队挥舞着国旗。有时你还能看到身穿民族服装的冰岛人。

节假日
周末

　　冰岛最重要的周末是"商人周末",一般在7月末或8月初。届时,冰岛各地举办庆祝活动。8月第一个星期一是冰岛的公共假期,所以很多冰岛人会准备好露营装备,驱车前往郊外度过长周末。

　　冰岛最盛大的节日于西人岛(参见第16页)举行。冰岛人会在山谷露营,欣赏音乐会。最后一晚还有盛大的篝火晚会,人们面朝舞台,于山坡上席地而坐,在当地明星歌手的吉他伴奏下大声欢唱。西人岛的居民则会在他们的专属区域,搭起白色的大帐篷,甚至把家具都搬到帐篷里。派对上,人们一边弹吉他唱歌,一边喝酒和品尝美食。1901年以来,该节日只被取消过4次:1914年,第一次世界大战;1973年,岛上火山爆发;2020年和2021年,新型冠状病毒感染期间。

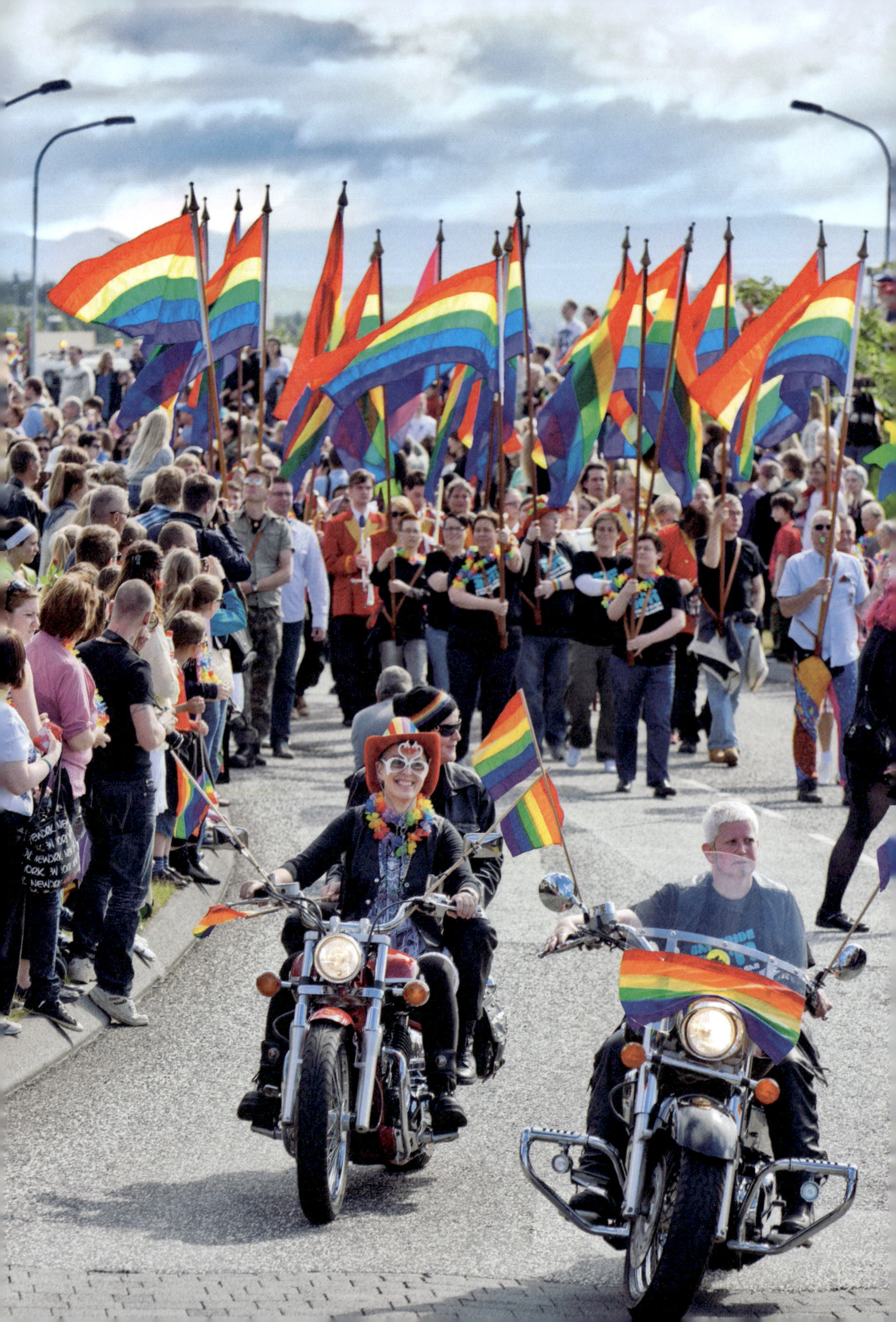

雷克雅未克
彩虹节

  雷克雅未克彩虹节是首都地区规模最热闹的节日之一。1999 年，冰岛人首次举办雷克雅未克彩虹节。之后每年 8 月中旬，冰岛人都以音乐会和变装秀的形式庆祝该节日。彩虹节为期 6 天，星期六举行的"变装秀游行"将活动氛围推至顶峰，可谓万人空巷，人声鼎沸。家家户户出门边看游行，边挥舞彩虹旗。游行队伍中有不少装饰华丽的卡车，每辆卡车都代表冰岛不同社区群体。最豪华的卡车上常有冰岛"顶流"歌星——保罗·奥斯卡（Páll Óskar）的身影，他也是参加过欧洲歌唱大赛的歌手。

地方性节庆

每年，冰岛各地举办节日庆典活动，旨在宣传该地区的历史和文化。

冬日嘉年华（Vetrarhátíð）：为冰岛黑夜最长的隆冬月带去光明和温暖的节日，于每年2月在雷克雅未克举行。

汽车节（Bíladagar）：有赛车和漂移等活动的汽车庆典活动，于每年6月第三个周末在阿克雷里举办。

龙虾节（Humarhátíð á Höfn）：可品尝鲜美龙虾的节日，于每年6月在赫本镇举行。

中世纪节（Miðaldadagar á Gásum）：展示冰岛中世纪生活的节日，于每年7月在古代维京贸易站和考古遗址——高西尔举办。

"爱尔兰日"（Írskir dagar á Akranesi）：纪念冰岛人祖先——凯尔特人的节日，于每年7月初在阿克拉内斯举办。当天还会有"红发比赛"，自然发色最红的冰岛参赛者将获胜。

"法国日"（Franskir Dagar á Fáskrúðsfirði）：纪念法国渔船经常来冰岛海域捕鱼的节日，于每年7月在福斯克鲁斯菲厄泽镇举办（参见第17页）。

渔节（Fiskidagurinn mikli）：于每年8月的第二个周末在达尔维克镇会举办。节日当天，当地鱼厂为游客提供本地特色美食以供品尝，当地居民则邀请游客来家中品尝亲手熬制的鱼汤。

文化之夜（Menningarnótt）：于每年8月18日左右的星期六在雷克雅未克举办，以纪念1786年雷克雅未克城市的成立。活动当天，雷克雅未克举行马拉松比赛、音乐会、艺术展览和表演活动，压轴活动为户外音乐会和烟花秀。近几年，雷克雅未克现任市长及其家人还邀请民众来家中吃华夫饼。

220 ✳ 221

图片版权

本书的图片来源详见以下内容。部分图片来自网站。

Inside: Photography © Gunnar Freyr Gunnarsson, with the following exceptions:

173 all except tl, 174, 197, 202, 206: Nína Björk Jónsdóttir.

23bl Lucia Pitter/Shutterstock; 35tl Udo Bernhart/Alamy; 35br Charles Mahaux/Alamy; 43b Matthew Micah Wright/Getty; 49 Ingólfur Bjargmundsson/Getty; 52 Kieran Mcmanus/BPI/Shutterstock; 57 From the book *Vigdís – kona verður forseti*, by Páll Valsson, JPV, Iceland, 2009. Photographer unknown; 68 Viking World. Photo © Renata Marcolova; 72 copyright their respective publishers; 73 Arctic-Images/Getty; 82t Gonzales Photo – Per Lange/Alamy; 82cl Lorne Thomson/Redferns/Getty; 82cr Santiago Felipe/Getty; 82b Frank Hoensch/Redferns/Getty; 83tl Amy Harris/Invision/AP/Shutterstock; 83tr REUTERS/Mario Anzuoni/Alamy; 83cl Stefan Hoederath/Redferns/Getty; 83cr Shutterstock; 83b Mark Horton/Getty Images; 86 © Shoplifter. Image by Ugo Carmeni; 87l Ragnar Th Sigurðsson/Alamy; 87r Danuta Hyniewska/Alamy; 88 Henk Vrieselaar/Shutterstock; 89 copyright their respective studios; 90 Aurum by Guðbjörg, Sand collection. Photographer: David Abrahams, Stylist: Inga Harðardóttir.; 91l Farmer's Market. Photo: Ari Magg; 91r Reykjavik Raincoats. Photo by Magnús Andersen; 92tl Anna Thorunn. Photo: Anna Thorunn Hauksdottir; 92tc Lulla Doll by RoRo, photo by Gunnar Freyr Gunnarsson; 92tr Scintilla. Photo by Helena Manner and Annecy Dubrunfaut; 92bl IHANNA HOME. Photo by Karl Petersson; 92br Tulipop. Photo: Ragna M Guðmundsdóttir; 94l dpa/Alamy Live News; 94r Ragnar Th Sigurðsson/age fotostock/SuperStock; 95l Eistnaflug: Marketing East Iceland (CC BY 2.0). Photo by Stefanía Ósk Ómarsdóttir; 95r Ragnar Th Sigurðsson/Alamy; 99r Lindsay Snow/Shutterstock; 113 Photo by Hákon Davíð Björnsson, Chef: Folda Guðlaugsdóttir, Stylist: Hanna Ingibjörg Arnarsdóttir, Magazine: *Gestgjafinn*; 129l Vitalii Matokha/Shutterstock; 129r Cavan Images/Alamy; 130l Gareth McCormack/Alamy; 131l Maridav/Shutterstock; 131r Audunn Nielsson and the Arctic Open; 148tl, tr, bl Photographer: Hallur Karlsson, Magazine: *Hús og híbýli*; 148br Photographer: Hákon Davíð Björnsson, Magazine: *Hús og híbýli*; 153 Kristín Hrafnhildur Hayward; 159 Leikflokkur Húnaþings vestra. Photo by Hulda Signý Jóhannesdóttir; 161t nikolaskus/Shutterstock; 161b Improvisor/Shutterstock; 162 Karas Uiliia/Shutterstock; 180–81 Frosti Heimisson; 188–89 Arctic-Images/Getty; 190 Torbjörn Arvidson/Alamy; 203 Carolyne Parent/Shutterstock; 208 Brauð & Co, Reykjavik, Iceland; 212–13 Ryzhkov Sergey/Shutterstock; 214 Ulrich Perrey/dpa/Alamy; 218 Arctic-Images/Getty; 219 Jón Heiðar Ragnheiðarson; 221tl Fiskidagurinn mikli. Photo by HSH; 221tr kondr. konst/Shutterstock; 221c Fáskrúðsfjörður: Marketing East Iceland (CC BY 2.0); 221br Irish Days: Akraneskaupstaður municipality. Photo by Myndsmiðjan.

本书中的"ᛒᚩᚲ"符号意为"书籍", "ᛘ"符号意为"和平"。

关于作者

　　1984年秋，本书作者妮娜8岁，艾达9岁，刚转学到雷克雅未克的哈利达小学。在此之前不久，她们搬到新社区，该社区坐落于城市医院和墓地间，所以冰岛人戏称其为"阴阳分界线"社区。

　　两位作者很快成为好友，小学、中学和大学时期几乎形影不离。她们自小热爱写作，还曾担任冰岛国家广播电台儿童节目的主持人，在学校编写和表演剧本，甚至在1987年冰岛国庆日庆祝活动的大舞台上表演。她们希望有朝一日能成为杰出的女演员，可演员梦并未实现。

　　但她们最终都在国际舞台上大放异彩。艾达成为全球卫生领域的专家，就职于多家国际组织。妮娜最初从事新闻业，后成为一名外交官，就职于冰岛外交部。因工作需要，妮娜还当过几年导游，足迹遍及冰岛。

　　1996年以来，艾达长期生活在国外，但每次妮娜和艾达久别重逢，都像昨天刚分开一样。妮娜与两个孩子生活在雷克雅未克，而艾达则与丈夫和两个孩子居住在瑞士日内瓦。她们是彼此孩子的教母。

　　2020年，妮娜撰写了《冰岛之女》——一本关于冰岛女英雄的童书，之后这本《一起去冰岛》顺利问世。作者希望你阅读这本书时，就和她们当初写作时一样，乐在其中。

图书在版编目（CIP）数据

一起去冰岛 /（冰）妮娜·比约克·琼斯多蒂尔，（冰）艾达·马格努斯著；宋红龄译. — 北京：中国轻工业出版社，2024.7

ISBN 978-7-5184-4661-2

I.①— II.①妮… ②艾… ③宋… III.①冰岛—概况 IV.①K953.59

中国国家版本馆CIP数据核字（2024）第040557号

版权声明：

HOW TO LIVE ICELANDIC
First published in 2021 by White Lion Publishing, an imprint of The Quarto Group.
The Old Brewery, 6 Blundell Street London, N7 9BH, United Kingdom T (0)20 7700 6700
Text © 2021 Nína Björk Jónsdóttir and Edda Magnus
Photography © 2021 Gunnar Freyr Gunnarsson
Chinese edition ©2024 China Light Industry Press Ltd.

责任编辑：瀚　文　　责任终审：高惠京　　整体设计：王超男
策划编辑：瀚　文　　责任校对：晋　洁　　责任监印：张京华　　排版制作：梧桐影
项目小组：付　佳　程　莹　瀚　文　何　花　李　韩　王超男　赵　洁

出版发行：中国轻工业出版社（北京鲁谷东街5号，邮编：100040）

印　　刷：当纳利（广东）印务有限公司

经　　销：各地新华书店

版　　次：2024年7月第1版第1次印刷

开　　本：710×1000　1/16　印张：14

字　　数：150千字

书　　号：ISBN 978-7-5184-4661-2　定价：79.80元

邮购电话：010-85119873

发行电话：010-85119832　　010-85119912

网　　址：http://www.chlip.com.cn

Email: club@chlip.com.cn

版权所有　侵权必究

如发现图书残缺请直接与我社邮购联系调换

221765S6X101ZYW